Patrizio Fuser

DIFFIDA DI CIO' IN CUI CREDI

Non credere a quello che ascolti, senti, vedi o leggi

A tutti coloro che hanno il coraggio di uscire dal branco belante e proseguono per il proprio Calvario, cercando di non pestare i piedi a nessuno.

Prefazione

Non pretendo affatto, con questo libro, di rovesciare il corso del mondo.

Spero soltanto, commentando situazioni vissute giornalmente da ognuno di noi, di dimostrare come un gran numero di maghi moderni si prenda gioco delle persone.

Non intendo infine imporre un punto di vista "unico": al contrario parteggio per il dubbio, la curiosità e lo scetticismo.

Ad una deriva "omologazionista" contrappongo infatti lo spirito critico e l'indipendenza di pensiero; indurre alla riflessione (sempre e comunque) ed al chiedersi il "perché" sempre più spesso i mezzi d'informazione si rendano complici dell'inganno in un mondo che diventa di giorno in giorno sempre più complicato e complesso.

In tale contesto la capacità di compiere "scelte consapevoli" è troppo importante per prenderci il lusso di sacrificarla alle manipolazioni di Persuasori e ciarlatani di sorta.

Orditori e Manipolatori addestrati che "dietro" nobili intenti nascondono il vero interesse: controllare il comportamento d'ogni individuo a favore dei grandi interessi economici e non del Pianeta.

L'Autore

- Diffida di ciò in cui credi -

della congruenza – Dissonanza cognitiva – Ingegneria storica – Condizionamenti positivi e negativi – Comportamenti automatici (conformismo) – Le buone relazioni – Le tipologie di Persuasori – Valutazione dei fatti – Le generalizzazioni – I grandi eventi – La teoria dello spuntino – Il principio di scarsità – La censura a posteriori e la notizia smentita – La tecnica del "senso di colpa" – Il principio del "piede nella porta" – La "porta in faccia"- Il "fiato corto" – L'"atto di fede" – Il sovraccarico informativo – I danni

I.
INTRODUZIONE

In copertina del libro ho scritto: *“Diffida di ciò in cui credi. Non credere a quello che ascolTi, senTi, vedi o leggi”*.

Per quale motivo, pertanto, leggerlo?

Per constatare una volta letto che se il titolo iniziale fosse vero allora la falsità della falsità corrisponderebbe alla verità, sovvertendo in toto la situazione?
Se è falso tutto ciò che è stato scritto allora è falso anche il sottotitolo in questione: indi ogni parola che leggerai sarà vera ed attendibile.

Sono stato indeciso sino all'ultimo sul “nome” definitivo da dare al libro che in questo momento tieni fra le mani.
Ritengo, ma questo avrai modo di capirlo proseguendo nella lettura, che un libro debba essere una sorta di “gita scolastica”, divertente ed educativo allo stesso tempo.
Edificante.

Confesso che l'idea iniziale era quella di titolare il manoscritto “IO (ME)DIA” seguito da *“E se le informazioni fossero di Bitter Campari?”* per poi sottotitolare *“Qualcuno le berrebbe più volentieri”*.

Su consiglio dell'editore, che ringrazio, è emersa anche la possibilità (poi diventata realtà) di denominare il presente volume *“Diffida di ciò in cui credi”*.
All'editore piaceva perché è un titolo breve e per ciò che evoca.

Una soluzione sensata, penserai.
Generalmente cerchiamo di prendere decisioni sensate in base ai dati oggettivi che abbiamo: il guaio, a prendere decisioni sensate, è che lo fanno anche tutti gli altri.

Ho pertanto acconsentito ad attribuire al libro tale appellativo a condizione che vi fosse una continuazione dello stesso: *"Non credere a quello che ascolTi, senTi, vedi o leggi"*.

Il risultato è visibile in copertina.

L'editore, che ben conosce quanto il luogo comune sia un posto pericoloso da frequentare, ha quindi accettato di buon grado.

Conoscendo pure io quel posto pericoloso, quello della decisione sempre giusta, della decisione più sicura, della decisione che prendono i più, ho stabilito d'iniziare il libro con la "favola allegorica" conosciuta come "Il Re è nudo".

"C'era una volta (e solo una) molti anni fa, così tanti che il passaggio del tempo non era neppure iniziato, un Re che amava così tanto i vestiti nuovi che spendeva in essi tutto quello che aveva.

Possedeva un abito diverso per ogni ora della giornata, per ogni giorno della settimana e per ogni settimana dell'anno.

Niente gli importava, eccetto i Suoi vestiti; eppure non trovava soddisfazione neppure nello splendore di tutto quel guardaroba. Tutte le volte che il Suo sarto andava a Palazzo, Egli gli chiedeva continuamente qualcosa di nuovo.

Alla fine il sarto era sull'orlo della disperazione: non riusciva a trovare nulla di rivoluzionario, ed il brutto è che era l'unico sarto in tutto il Regno.

Così pensò e pensò, e riuscì finalmente ad ordire un piano. Disse al Re di aver inventato un nuovo tessuto che non solo cambiava colore e forma ogni momento, trasformandosi sempre in un nuovo abito, ma rivelava anche coloro che erano stolti, ignoranti, stupidi, o tutti e tre, in virtù di una sua magnifica proprietà... Ad uno stupido il tessuto sarebbe stato invisibile, mentre ad un saggio sarebbe apparso in continuo cambiamento e splendidamente bello.

"*Che formidabili abiti*" pensò il Re tra sé... naturalmente "*solo indossandoli riuscirò a distinguere i saggi dai pazzi*".

Subito commissionò al sarto i nuovi vestiti. Le settimane passarono, e questi abiti non arrivavano; e non c'è da meravigliarsi, poiché non c'era niente da spedire. Il sarto non aveva intenzione di cucire nessuna cosa; intendeva far recapitare al Re "un bel nulla", dopo aver lasciato passare un adeguato periodo di tempo per convincere il Re che i vestiti, come gli aveva spiegato a lungo e con un linguaggio eccessivamente tecnico, avrebbero previsto ogni possibile circostanza con raffinato dettaglio e che erano molto difficili da produrre.

Finalmente il pacco con l'abbigliamento invisibile arrivò ed il Re lo aprì eccitato, solo per scoprire che Egli non riusciva a vedere proprio niente...

Ma non desiderando apparire stolto, ignorante o stupido, o tutti e tre, fece finta d'indossare i nuovi vestiti ed uscì tra la gente del Suo Regno.

E pensate anche solo per un momento che i Suoi sudditi volessero rischiare la testa accennando alla Sua nudità? Neppure per sogno! Nessuno lo fece! ...Fin quando un bambino disse, un pò troppo forte, mentre il Re stava passando in processione:

"*Ehi, guardate! Il Re è nudo!*"

Un frastornante silenzio si sparse tra la folla assemblata per assistere alla processione del Re e dei Suoi Ministri mentre il riverbero delle parole del bambino si spandeva per la piazza.

"*Guarda cos'hai fatto!*" *gemette il Re al sarto,* "*Tutti pensano che io sia uno stupido che se ne va in giro nudo!*"

"*Sciocchezze, Vostra Maestà*" *temporeggiava il sarto,* "*l'abito fa l'uomo, ma il Re fa lo stile. Non videro tutti il Vostro vestito **rosso** cangiante, non appena usciste dal Palazzo? Solo i bambini* *sono incapaci di vederlo. È naturale, sono ignoranti. Come potrebbero sapere? Non hanno la capacità sociale di nascondere la loro stoltezza".*

"Sentite cosa dobbiamo fare" propose il sarto, "insegnerò a tutti i bambini a vedere i Vostri vestiti nuovi; fin quando non imparano, semplicemente ignorate cos'hanno da dire su di Voi".

Il Re pensò che si trattasse di un ottimo piano e dette al sarto il nuovo compito di insegnare a tutti i bambini a vedere i Suoi vestiti nuovi.

Passò un pò di tempo, ma per insegnar loro a vedere dei vestiti invisibili, anzi di fatto inesistenti, ed anche a crederci nonostante i loro stessi sensi e la loro intuizione, il sarto dovette ricorrere, con i bambini, a metodi molto forti di magnetismo animale, detti "ipnosi".

Questi metodi erano così potenti che, mentre i bambini s'immergevano nell'allucinazione dei vestiti del Re, la loro visione del mondo reale si affievoliva e quando raggiungevano l'età adulta, sebbene potessero adesso vedere gli abiti nuovi del Re, erano però incapaci di vedere lo stesso Re, eccetto che in qualcuno dei più stravaganti spot commerciali di bibite gassate su una tv via cavo.

Quando il Re si lamentò con il sarto riguardo a quest'inconveniente, quest'ultimo rispose: "Beh, cosa volete di più? Di cosa avete più piacere? Volete che essi siano capaci di vedere i Vostri vestiti, o Voi? Non potete avere entrambe le cose, lo sapete".

Il Re non lo sapeva, ma s'immaginò che il sarto ne sapesse di più di Lui. Poteva sempre tornare ad indossare i vecchi abiti ma essi, a confronto con questo infinitamente mutevole abito arcobaleno, non parevano più adeguati.

"Che ne pensate di questo?" chiese il sarto, "Insegnerò a tutti i bambini a vedere il vestito, ma insegnerò anche a pochi di loro (non alla maggioranza della popolazione, poiché c'è bisogno di

loro per sostenere il Regno, ma agli stupidi, a coloro che sono in ogni caso inutili agli scopi generali della vita, come gli sciamani, i mistici ed altri "procaccia-guai") a vedervi. Naturalmente, dovete capire che quando imparano a vedere Voi e non i Vostri vestiti, Voi apparirete loro nudo..." aggiunse in un tono leggermente di scusa.

"Ne vale la pena" acconsentì il Re. E così, ad alcuni stupidi del Regno (diversi, disadattati, e quelli che, per qualche scherzo della sfortuna, non si accontentavano delle allucinazioni) fu insegnato a vedere il Re ed a dimenticarsi dei vestiti.

E da quel giorno fino ad oggi, il sarto non è stato più così indaffarato.

E le nuove idee per i nuovi abiti del Re?

Ormai, chi se ne frega più?"

II.
PREMESSA

"Non si sa mai bene come iniziare un libro", soprattutto un libro che non tratta di "comportamenti" o "cose" prettamente tangibili, ma disquisisce d'elementi "eterei" e di parte delle loro innumerevoli sfumature.
Sfumature che possono essere bianche o nere oppure coloratissime.
Tutto o niente. Ma anche la metà di ciò.

Premesso questo, addentriamoci.

Ho iniziato riportando una favola, una favola allegorica sui condizionamenti dell'uomo determinati soprattutto dall'esigenza d'adeguamento sociale e dalla paura di differenziarsi dagli altri.
Condizionamenti voluti o subiti.
O meglio, voluti e subiti al tempo stesso.
Suggestioni che occorrono mentre leggiamo un giornale o guardiamo un film, durante un colloquio d'affari o nel corso di dialoghi con famigliari ed amici.

Mi preme indi avvisarTi che in quello che Ti appresTi a leggere sono raccolti un insieme di scritti, appunti e riflessioni che riguardano, in senso ampio, il "controllo e la manipolazione" delle menti.

Le nostre menti.

Si, hai letto bene. "Controllo e manipolazione" delle menti, perché di questo stiamo parlando.

Nondimeno ho scelto d'"addolcire" tale dicitura utilizzando un termine più accettabile (in seguito capirai il perché della parola "accettabile"): persuasione.

Una persona spesso non ha un'immagine di sè ben precisa e ben contestualizzata nel "mondo" che la circonda.

- Diffida di ciò in cui credi -

Oggigiorno nemmeno sa se i suoi comportamenti la spingano ad essere più vittima o carnefice.
Non ha ben presente chi la condizioni ed eventualmente come.

Tale "incertezza" la porterà ad essere diversa da ciò che realmente è, tramite "incanti" di vario tipo.

Stare al passo con gli "inganni" che i mezzi informativi ci propinano è una sfida crescente: ma non impossibile d'affrontare.

Quanto troverai all'interno del presente testo ha una caratteristica comune: è, per così dire, poco accademico, con taluni argomenti ispirati ad avvenimenti in corso e certi altri che risultano di un'attualità che discende dalla notte dei tempi.

Non ho utilizzato volutamente "paroloni inutili": termini eccessivamente tecnici qualche volta sono solo un vezzo innocuo, ma troppo spesso servono da maschera alla pochezza del contenuto ed a soddisfare il mero ego dell'autore.

Quello che stai leggendo conterrà analisi del fenomeno della persuasione ma anche proposte operative ed, in questo primo libro, esclusivamente "conoscitive".

L'elaborato desidera offrire al lettore una maggior consapevolezza delle dinamiche che lo condizionano nell'"universo" che lo attornia.
Ed il permettere d'individuare quali possano essere i "gruppi di pressione" che intendono persuaderlo.

Un "individuare" che è e deve essere la prima linea di difesa verso questi tentativi di "controllo psicologico": l'obiettivo è quello di proporre una sorta di vademecum per riconoscere i pericoli della "disinformazione" trasferitaci.

- Diffida di ciò in cui credi -

Conoscere la "persuasione" può tuttavia significare non eliminarla od evitarla totalmente: sarà un buon punto d'inizio almeno per limitarla.

T'informo pure che data la contiguità degli argomenti saranno inevitabili ripetizioni e parziali sovrapposizioni.
I confini fra un argomento ed un altro, peraltro, sono da intendersi "mobili", nella stessa misura in cui possono flettersi le diverse spighe di un campo di grano in una giornata ventosa, accavallandosi le une sulle altre, le quali però risultano essere tutte parte di un unico appezzamento di terreno.

Proseguiamo.

L'antagonismo fra i vari gruppi che compongono il variegato tessuto sociale in cui viviamo (familiari, amici, colleghi, datori di lavoro, associazioni, autorità, istituzioni e mass-media, solo per citarne alcuni) è presente sin dalla "comparsa" sulla Terra dei soli Adamo ed Eva.

Basti ricordare il peccato originale, basti fare appello al "serpente" che ha persuaso il primo uomo e la prima donna di cui parla la Bibbia a mangiare il frutto proibito…
Il conflitto, di fatto, è un dato fisiologico dovuto ai differenti tornaconti delle parti, e la persuasione è utilizzata dalle fazioni in gioco per finalità funzionali al proprio interesse (che può essere commerciale, politico, militare, ma di questo parleremo più avanti).

Lo scopo finale della persuasione è quello di "rifilare": siano esse decisioni, prese di posizione, ideologie, prodotti o comportamenti poco importa.
Vendere ricorrendo senza problema alcuno a metodi utilizzati dalla psichiatria e dalle moderne scienze sociali.

Chi utilizza quindi la persuasione?

La utilizzano semplicemente tutti.

- Diffida di ciò in cui credi -

Partiti politici, organizzazioni religiose o pseudo tali, gruppi organizzati, lobbies di potere, aziende e multinazionali: la utilizzano di continuo e per gli obiettivi più disparati.
Singoli soggetti o soggetti multipli.
Persuadono per piacere, per nascondere, per apparire, per giustificare.
Qualcuno anche per il solo gusto di "mentire".

> *"Quella sporca dozzina" s'intitolava un film di successo di qualche anno addietro. Oggi potremmo invece intitolarlo "Quello sporco centinaio o migliaio (ed avanti di questo passo)" riferendoci a quell'infinita schiera di pubblicitari, consulenti economici, venditori, venditori di fumo, truffatori di professione, politici ed aspiranti tali, incauti governi e governi corrotti, istituzioni di varia tipologia, aziende nazionali e quelle con interessi soprannazionali. "Persone" con una potenza persuasiva incredibile: chi non è con loro è contro la felicità del popolo, contro la libertà del popolo, contro il benessere, contro il "prossimo" e contro il "progresso".*
>
> *Non è un caso poi che, soprattutto negli ultimi 15-20 anni, vi sia stata una crescita della povertà a livello mondiale ed un arricchimento senza freni di un gruppo ristrettissimo di persone.*
>
> *Le spese per la "pubblicità" inoltre, sempre a livello mondiale, da più parti sono stimate essere 10 volte superiori alle uscite riservate ai servizi sociali di base, quali istruzione e sanità.*

Pure le gerarchie che si stabiliscono nelle classi scolastiche in età adolescenziale od in ufficio si basano su processi d'influenza e molti di questi avvengono a livello inconscio.

Il saper identificare e gestire tali andamenti permette, in qualche modo, di "impiegarli" a proprio vantaggio.

Un problema etico (chi può decidere e per chi) nasce quando un'organizzazione, una lobby od un'istituzione mette in atto consapevolmente tali strumenti, nascondendone le finalità alle persone destinatarie di tali "attenzioni".

E' diffusamente palpabile come ci sia qualcosa di assolutamente bugiardo nell'incessante raffica d'informazioni e di messaggi che ci bombardano durante ogni momento delle nostre giornate.

Pare incontrovertibile come il "pilotare" i messaggi che ci vedono inconsapevoli destinatari sia pratica comunemente esercitata dai Comunicatori, ma sempre sponsorizzata da indecifrabili reti di potere e d'influenza.
Proviamo a porci la seguente domanda: *"Se fossimo cresciuti in un ambiente diverso dal nostro, saremmo persone diverse da quelle che siamo?"*

Questo volume cercherà d'aiutare il lettore a discernere le varie parti in campo, le strategie di persuasione adottate, aiuterà chi legge a definire alcune basilari regole di comunicazione.

Tutto ciò mentre le profonde e rapide trasformazioni di carattere culturale (evoluzione delle tecnologie dell'informazione, crescente insicurezza sociale, altro) incidono sempre più efficacemente su tutti noi.

Mi preme precisare che il mio personale punto di vista non contiene vincoli ideologici o d'altra natura, vincoli che non mi consentirebbero di cogliere appieno i mutamenti in atto e le varie opportunità di adattare percorsi già delineati alle nuove condizioni in essere.

Ciò non significa nemmeno accettare passivamente i cambiamenti e le loro conseguenze.

I metodi di persuasione, i principi su cui si fondano, i pilastri che reggono tali strategie e che andrò ad illustrare, hanno genesi dalla costante esigenza di condizionare e negoziare eventi e situazioni, anche quando l'esigenza primaria può essere quella di "non condizionare" e "non negoziare".

- Diffida di ciò in cui credi -

Un buon atteggiamento iniziale, a questo proposito, è quello di avvertire i mutamenti al loro esordio, cogliere l'attimo in cui prende avvio un processo persuasivo (di massa od individuale) e prefigurare linee realistiche e vantaggiose d'adattamento, intuendone ragioni, limiti, possibilità.

Di certo vi è che nulla è certo.

Ma questo è argomento del libro.

Buona lettura a tutti,

Patrizio Fuser

P.S.: stavo dimenticando di definire i due protagonisti principali del libro, il Persuasore ed il potenziale Persuaso.

Eccomi a rimediare.

Persuasore: tutti quei soggetti capaci di porsi in modo anche solo apparentemente innovativo rispetto alla realtà circostante, in grado di agire per modificare tale materialità secondo i propri interessi e convenientemente alle proprie esigenze.
Studia ed analizza, a questo fine, tutti gli strumenti informativi (televisione, giornali, pubblicità) e le loro potenzialità, nonché tutti i supporti tecnologici che sono in grado di modificare le dinamiche d'interazione e di comunicazione (internet, e-mail, blog, newsgroups, social network).

Verifica le impalcature concettuali alla base dell'organizzazione del processo di persuasione.

Persuaso: noi tutti. Consistente nell'opinione pubblica "media", ritenuta portatrice di un'autorità correlata alla quantità e non alla qualità degli elementi di cui è composta.

Per quanto concerne invece la "persuasione", Violet Edwards la definisce così: *"Espressione di un'opinione o di un'azione, esercitata da singoli individui o gruppi, deliberatamente orientata ad influire sulle opinioni o sulle azioni d'altri individui per un fine predeterminato"*.

Jowett e O'Donnel vedono invece la persuasione come un *"tentativo deliberato di manipolare la percezione, il pensiero ed il comportamento per ottenere una risposta in accordo con gli obiettivi del Persuasore"*.

Scegli personalmente la definizione che più Ti aggrada, anche se chi scrive la definirebbe (appurerai questo mio concetto andando avanti nella lettura) come *"un metodo di presentazione e di divulgazione dei fatti o di un'opinione in modo tale che il "ricevente" creda d'essere d'accordo con questi fatti e di scegliere "liberamente" questa opinione".*

III.
CHI SONO (IO)

Dopo attente riflessioni, inizierò il libro in maniera interattiva.

Sono a chiedere quindi la Tua collaborazione.

FermaTi un attimo: sii spontaneo, appoggia queste pagine ed osserva ciò che Ti circonda.

Pensa alla Tua persona, a quello che sei e che vorresTi essere.
A ciò che fai e che vorresTi fare.

Liberamente, in massima sincerità.

Ora stabilisci, compilando un'apposita lista d'ipotetici otto elementi (lista da compilare che troverai sotto), quali sono i valori su cui basi la Tua esistenza e le cose che maggiormente speri accadano nel corso della Tua vita.

Compila adesso la lista:

1) ____ ;

2) ____ ;

3) ____ ;

4) ____ ;

5) ____ ;

6) ____ ;

7) ____ ;

8) ____ .

La lista è stata compilata, in assoluta libertà: nessuno Ti ha influenzato sul cosa scrivere.

Ora osservala attentamente, rileggila: se sono presenti valori, vocaboli o fatti quali "amore", "figli", "felicità", "serenità", "lavoro", "casa", "denaro", "pace", "libertà" o "successo", non sei stato pienamente sincero con Te stesso.

O non sei stato pienamente "libero".

Riguardando ancora la lista, con buona probabilità non compariranno altresì termini quali "sesso" e "divertimento", pur essendo gli stessi da tutti noi atavicamente ricercati.

Diamo una spiegazione a quanto occorso.

Il sesso non compare nell'elenco in quanto legato alla sessualità di una persona ed appare come un qualcosa d'eticamente "scabroso", "di dubbio gusto"; il divertimento non si palesa in quanto associabile all'immagine del "fannullone" o del "scansafatiche".
In una parola, dell'ozioso.

Hai capito ora? Hai cercato di dare un'immagine di Te che possa essere universalmente accettata ed accettabile (ecco il perché del termine accettabile in premessa).
Hai "creato" un'immagine che fosse rassicurante, un "quadro" da pubblicità "della famiglia Barilla".

Agli occhi di tutti.

Un'amara constatazione: chi "guida" le scelte della società Ti ha già persuaso.

Non Ti vedi nelle vesti di Persuaso?
Il perché lo scoprirai, anche in questo caso, in seguito.

Ad ogni modo, strappa immediatamente le pagine ove hai scritto la lista.
Tagliale.

Salvo non aspiri alla santità, compila la Tua "vera" lista dei valori e tienila ben nascosta (sul perché nasconderla, lo capirai nel prosieguo).

Tutti hanno, consapevolmente o no, un "lato nascosto": lato che spesso coincide con i desideri più veri e bramati.

> *Quasi necessario, a questo proposito, un breve cenno su SecondLife.com. Anzitutto, cos'è? Second Life è un mondo virtuale tridimensionale multiutente online inventato nel 2003 da una società americana. Ciò che distingue "Second Life" dai normali giochi 3D online è che il contenuto di Second Life è creato dagli utenti stessi. Gli incontri all'interno del mondo virtuale appaiono dunque come reali scambi tra esseri umani attraverso la mediazione "figurata" degli avatar. Alcuni psichiatri lo considerano un gioco pericoloso in quanto svariati utenti la valutano veramente una seconda vita anziché una finzione (come realmente è, pur essendo ricreato un ambiente verosimile e benché dietro ai personaggi vi siano persone reali). Si ritiene anche che, in situazioni controllate, tale "mondo" virtuale possa essere un elemento utile alla psicanalisi, in particolare per conoscere come il paziente s'immagina e come, svincolato dalla realtà, vorrebbe essere.*

Questo è solo il primo atto di sincerità verso noi stessi: capire ciò che realmente siamo e ciò a cui realmente aspiriamo.

- Diffida di ciò in cui credi -

Pensare che siamo quello che il nostro ambiente, la nostra cultura, la nostra "rete" hanno già stabilito essere "giusto" per noi significa evitare la responsabilità di scegliere chi concretamente siamo.

Oltre a (spero) dar genesi alla riflessione su quanto la "società" manipoli ed abbia manipolato la compilazione della lista di ognuno di noi, mi sono "divertito", nell'"esercizio" appena proposto, ad inserire dei messaggi paradossali.

Messaggi che, se ascoltati (ma non lo sono certamente stati), avrebbero reso impossibile lo svolgersi dell'esercitazione.

Ad esempio una richiesta del tipo "sii spontaneo" mette il lettore di fronte ad un dilemma: com'è possibile essere spontanei accondiscendendo ad una richiesta altrui? Qualsiasi soluzione si tenterà di fornire risulterà a priori errata.
La stessa cosa vale per "appoggia queste pagine": se appoggiate non avresTi potuto conoscere cosa richiedeva il compito.
In determinate circostanze solo una cosa assurda può apparire sensata in una situazione illogica, giacché entro di essa ogni soluzione possibile appare impossibile.

> *Ad una persona potrebbe essere richiesto di scrivere la lista dei partecipanti ad una riunione, considerata di traditori, di un'organizzazione/partito concorrente, riunione cui era stato prima chiesto a tutti - esplicitamente- di non partecipare.*
> *Di fatto, se la persona in questione non andasse a questa riunione, non potrebbe scrivere la lista e contravverrebbe ad un ordine; se però andasse -d'altro canto- disobbedirebbe ad una precedente chiara imposizione di "non partecipare" e dovrebbe scrivere anche il suo nome nella lista dei "traditori".*
> *Questa viene definita "posizione insostenibile" o "posizione senza uscita": questa posizione presuppone un legame fra chi "ordina" e chi "obbedisce" e, col procedere, può portare a diverse (per intensità e*

tipologia) forme di schizofrenia (l'obbediente percepisce una realtà diversa da quella oggettiva).

I mass-media, generalmente, non sono custodi della democrazia, ma simpatici animali da salotto delle lobbies di potere più influenti (esemplificando, i numerosi gruppi finanziari con interessi soprannazionali costituiscono di fatto una rete parallela alle istituzioni "democratiche" tali da condizionare, di solito, l'operato di queste ultime).

Essi contribuiscono fortemente a confondere i ruoli, specialmente quello di vittima o colpevole.

I messaggi che riceviamo sono zeppi di paradossi: il solo fine è "confondere". A seguito di questa confusione, i Persuasori ci forniranno la soluzione corretta.
Soluzione funzionale ovviamente ai loro interessi.

Parallelamente, la pubblicità è colma d'antinomie.
Il messaggio pubblicitario "servizio gratuito, si paga ad effettivo consumo", è costituito da due affermazioni che s'invalidano a vicenda.
Quando assimiliamo annunci che dovrebbero stabilire bisogni e/o comportamenti e questi violano se stessi, rimaniamo "bloccati", con una nostra identità -nei confronti

del prodotto o del servizio offerto- non chiara e non ben definibile.

IV.
CHI SONO (I PERSUASORI)

Come si controlla una mente? Come si può attuare quella che, in termini più "scientifici", viene definita "persuasione coercitiva"?

Risposte univoche e dirette a domande come questa non ve ne possono essere.

Ogni Persuasore lo sa bene.

Ma vi sono molti buoni "appigli" su cui iniziare.

Evidenziamo innanzi tutto che vi possono essere forme di persuasione percepibili e "non percepibili".

Di nostro particolare interesse sono le seconde: forme in cui il soggetto condizionato non ha una percezione di ciò che gli viene costruito artificialmente attorno, dei cambiamenti e/o dei messaggi che qualcuno introduce nel suo quotidiano.
Una costruzione fatta di piccoli passi, d'infinitesimali mutamenti.
.

La "non percezione" però -paradossalmente- spesso non è così come il termine la può far intendere: sovente si trasforma in "illusione" di scelta.
Predominatamente facendo leva su uno dei bisogni primari degli esseri umani: la necessità di comunicazione, di socialità e d'aggregazione con i propri simili (quante volte temiamo di restare o di sentirci "soli"?).
Coscientemente o meno, comunichiamo e desideriamo comunicare con gli altri, interagendo.

"Viviamo" attraverso il nostro comportamento e c'esprimiamo -"esplicitando" noi stessi- tramite il rapporto con gli altri.

Ai giorni nostri, ad ogni istante, che Tu sia sul posto di lavoro, a casa mentre parli con il partner, con gli amici a chiacchierare, mentre leggi un giornale o guardi la televisione, è sempre ben presente un "qualcuno" che tenta di persuadere i Tuoi pensieri od influenzare il Tuo comportamento.
Le situazioni e le cause possono essere molte, ma lo scopo ultimo è sempre quello di "convincere" e di generare approvazione e consenso.

Un esperto Persuasore adotterà questo processo in modo volontario e scientifico, il Tuo partner -con tutta probabilità- in modo inconscio.

Capita tuttavia che mentano anche coloro che credono di dire la verità.

Come accennavo prima, il livello sociale e culturale d'appartenenza di una persona unitamente alla capacità di scindere i contenuti di un'informazione rendono sottile e soggettivo il confine tra il vero, il verosimile, il probabile ed il falso.

La persuasione si completa, appieno, qualora questo "processo" di questo "qualcuno" -con la nostra consapevolezza od in sua assenza- abbia esito positivo, modificando una nostra volontà, un nostro pensiero od un nostro pregiudizio.
Nell'interazione fra individui e fra individuo e società assume sempre maggiore importanza la capacità di convincere e di far mutare le opinioni e gli atteggiamenti degli altri.

L'enunciato vale sia nei rapporti interpersonali sia nella comunicazione di massa finalizzata a creare una preferenza per un'idea, per un partito politico piuttosto che per un prodotto.

Quanto detto è vero anche per i comportamenti (pensate ad un datore di lavoro che desideri modificare determinate condotte dei propri dipendenti, quale l'ora della pausa, il non "perdersi" in chiacchiere con i colleghi od altro).

Solitamente, non dando troppa importanza ai messaggi cui siamo sottoposti (ma anche a quelli che "inviamo") e data la loro quotidianità e "ripetitività", la maggioranza delle persone non si rende ben conto di questo fenomeno.

Fenomeno, la persuasione, regolato da ben precise dinamiche e strategie, raffinate e subdole, scientificamente applicate e ricercate.
Dinamiche e strategie continuamente in evoluzione. Ignorate dai più: ben note invece a pubblicitari, opinion maker, venditori di un certo spessore, ai regimi dittatoriali, ai gruppi politici, alle multinazionali, alle sette di varia natura, ai media ma anche a tutti quegli "apparati di potere" degli Stati considerati universalmente "democratici".

Vi chiederete qual è il fine di tutto ciò.
Semplice.
Ma è bene ripeterlo: persuadere.

Persuadere le persone, asservirle, controllarle.
Una condotta che porta al controllo economico, politico, spirituale e culturale.

Un asservimento psicologico, un dipendere da altre persone, un condurci a determinate scelte, un convincere della bontà di determinate opinioni.

Qualcuno stabilirà degli obiettivi che saranno e dovranno essere i soli accettabili: il Persuasore lavorerà di conseguenza per rimuovere tutti quegli aspetti della personalità presenti in ognuno di noi che potrebbero portare a posizioni individualistiche non allineate a questi "traguardi".

In modo tale che la realtà non sia quella che oggettivamente
è, ma diventi come desiderano farcela vedere.
Una costruzione artefatta di ciò che ci circonda, una
Gardaland di castelli di carta e personaggi di fantasia, di
soldi virtuali e di multinazionali da Monopoli.

Obiettivi che saranno definiti -in taluni casi, con buona dose
di faccia tosta- anche a "fin di bene".

Che Babbo Natale non esista, così come la Befana, è fatto
acclarato.
Ma non esiste bambino che non venga, almeno nel periodo
dell'infanzia, "ingannato" dai propri genitori.
Tali bugie hanno, cosa ben capibile, un significato
completamente diverso quando ne potrebbe essere
interessata l'intera collettività su "situazioni" che la
riguardano nella sua interezza.

Eppure se ora hai in mano questo libro e stai facendo alcune
considerazioni, sei pronto per togliere il sipario dalle
"rappresentazioni teatrali" che molti vogliono "persuaderci"
a vedere.

Sei pronto ad andare a curiosare dietro le quinte.
Non più semplice spettatore, ma attore protagonista di
questi processi.

> *"Non ho ragione se ho voglia d'attendere davanti al
> teatrino delle marionette, anzi, di fissarlo così
> pienamente che, per dare finalmente risposta al mio
> sguardo, un angelo burattinaio debba venir a dar vita
> ai manichini.*
> *Angelo o marionetta: allora è finalmente spettacolo!"*
> *Rainer Maria Rilke*

Guardare ed apprendere esclusivamente dalla televisione è
come una pubblica dichiarazione di resa, uno sventolare
bandiera bianca incondizionato (ho semplicisticamente citato
"televisione" in quanto è lo strumento -parlando di media- a
cui principalmente andrà il nostro pensiero. Ma essa è solo

un elemento di quel complesso aggregato denominato, appunto, "media". Elementi, bada bene, sempre connessi fra loro).

V.
QUALI SONO STATI (GLI INIZI)

Un passo indietro.

Sono oramai più di settant'anni che le principali agenzie statunitensi ma anche il KGB sovietico sperimentano programmi di controllo e manipolazione mentale di una certa rilevanza.

I primi rudimentali esperimenti consistevano in una forma di controllo via radio del cervello oppure tramite l'applicazione d'elettrodi sul capo (vedasi esperimenti del parapsicologo russo Vasiliev e dell'Office Strategic service -OSS-americano, di cui vi è documentazione nelle librerie più attrezzate).

In seguito l'americana CIA (Central Intelligence Agency) sperimentò forme d'annullamento e destrutturazione della personalità, tramite l'ausilio d'allucinogeni, di privazione del sonno, elettroshock, isolamento, sottomissione e torture varie.
In questi esperimenti la CIA, una volta che riteneva "annullata" la mente e la personalità di una persona, procedeva a "somministrare" alla stessa messaggi registrati per giorni, al fine di imprimere le nuove convinzioni, la nuova identità, i nuovi bisogni, i nuovi ordini.
Una sorta d'imprinting animale in una mente umana "formattata".

Innovativi, in questo senso, gli studi effettuati dallo statunitense Aldrich Dr. Stephen presso il SEI (Scientific Engineering Institute di Boston), le cui teorie di manipolazione sono basate primariamente su tecniche "psichiche" (citazioni riprese dallo stesso Aldrich di ricerche effettuate nell'ex URSS chiarivano che teorie per plasmare il carattere di un bambino sin dall'infanzia per infondere conoscenze e tecniche, per istituire esperienze comuni ed

aggreganti, per determinare l'andamento del comportamento fossero già ampiamente studiate).
Anche in questo caso esiste -di quanto sopra riportato, per i più curiosi- un'ampia produzione libraria.

I meccanismi d'acquisizione del potere (qualsivoglia potere) e del suo mantenimento attraverso il controllo delle masse sino al singolo individuo si sono successivamente affinati, perfezionati e specializzati.

Potere, masse, individuo.

Il potere è nelle mani di un'elite di persone che hanno mezzi e denari per "comunicare" alle masse che ciò che decidono, vendono, pensano o stabiliscono è buono e giusto.
Elite di persone che "comunicano" che la loro è la "cosa migliore".
Le masse servono, inconsciamente, a legittimare questi "piani di potere".

Qualsiasi fatto, di qualsivoglia natura, è destinato a trasformarsi in "informazione" solo quando qualcuno né da notizia tramite i media.
Il fatto diventa notizia quando un informatore lo comunica: se questo non accade, l'avvenimento è destinato a non esistere al di fuori della sua ristretta realtà.

Le elite di potere sanno bene che il modificare l'immagine che ogni individuo ha di sé "passa" attraverso il fatto che il soggetto deve "sentire suo" quello che sta facendo o pensando, senza possibili scuse o rimostranze (era Tua l'iniziale lista di valori che avevi redatto, vero? La sentivi Tua?).
Masse persuase a tal punto da far sì che questi piani gli appartengano in misura tale da sentirli come propri.

Le nostre opinioni, le nostre idee, i nostri ideali sono pianta di un seme che noi abbiamo recepito, accettato ed acquisito dalla realtà circostante.

Troverai tracce di quanto sopra in ogni aspetto del vivere quotidiano: nella pubblicità per creare bisogni indotti, vedi buona parte dell'high tech, IPod, cellulari con centinaia di funzioni, collegamenti ADSL e quant'altro.
Una linea ADSL, senza la quale fino ad ieri vivevamo benissimo, diventa bisogno essenziale per scaricare files MP3 senza i quali, fino ad ieri, vivevamo altrettanto bene.
L'IPod diventa fondamentale per poter ascoltare tali files.
Essere consapevoli di tale processo virtuoso costruito su bisogni indotti può non impedire gli effetti ma permette almeno d'averne conoscenza e "coscienza".

Per creare bisogni indotti i messaggi tenderanno a mostrare "oggetti" che ci permetterebbero (ad avviso degli Orditori) una qualità di vita maggiore. Negli annunzi, sistematicamente ripetuti e riprodotti, faranno il modo che lo "spettatore" decida d'impiegare le proprie risorse per acquistare questa maggiore qualità di vita. Inoltre, se qualcuno ritiene che i messaggi di cui stiamo parlando siano presenti esclusivamente nella pubblicità, commette un grave errore: nei telefilm, nei giochi a premi, in un racconto od in un fotoromanzo vengono rappresentate realtà "specifiche" e selezionate, allo scopo d'indicarci i modelli cui fare riferimento.
Ma tracce vi sono pure, lo scopriremo avanti, in ambito strettamente familiare ed affettivo.

Adesso però, dopo il passo indietro, è giunto il momento di farne un paio in avanti.

VI.
COMUNICHIAMO (NOI)

Scrivevo in precedenza: le masse servono a legittimare qualsivoglia piano di potere.

Aggiungo in quest'istante: quanto maggiore sarà il numero di persone che trova corretta una qualunque idea, tanto più giusta sarà quell'idea.

Dicevamo come la persuasione utilizzi in qualità di testa d'ariete un primordiale istinto umano, quello di comunicare.

E' giunto quindi il momento di definire il termine "comunicazione".

In senso lato, la comunicazione va intesa primariamente come un processo di trasmissione d'informazioni. Poichè poi il vocabolo "comunicazione" è impiegato in ambiti assai diversi, dalla filosofia alla sociologia passando per la psicologia, si rivela impresa ardua offrire una definizione che sia da un lato significativa e dall'altro valida in ogni contesto.

Teniamo ben presente ad ogni modo che, nei processi di condizionamento, indicando il termine "comunicazione" s'indica "l'arma" del processo.

"Comunicazione" può significare il quotidiano parlare assieme ad altre persone, può denotare l'invio di un messaggio pubblicitario così come l'osservare una trasmissione televisiva o leggere un giornale nonché "il navigare" nel world wide web.
Si apprende, in questo modo, come gli "attori" principali della comunicazione possano essere persone umane oppure qualsiasi altra "cosa" (per l'appunto la televisione, la radio, un giornale, il computer, un gadget).
E se è chi riceve la comunicazione ad assegnare a questa un significato, è evidente come la potenzialità creativa

dell'uomo possa sempre attribuire significati (anche molto diversi) ad ogni elemento, collegando la "comunicazione" a due caratteristiche intrinseche proprie dell'essere umano: l'immaginazione e la propria identità.

A fronte di un'identica scena (immagina quella di una persona con in mano un coltello conficcato nella schiena di un'altra) le valutazioni di chi osserva possono essere significativamente diverse.
Se il contesto della vista è quello di una metropoli con un elevato tasso di criminalità, valuteremo l'immagine come un omicidio in corso, come una spietata uccisione di un uomo.
Se, invece, la cornice è quella di un ospedale, il pensiero corre verso un uomo che cerca d'aiutarne un altro, sfilando il coltello.
Inserendo questa visione in un ambiente "neutro", la nostra predisposizione alla rabbia od all'altruismo c'indirizzerà verso l'una o l'altra (od ad un'altra ancora) valutazione.

Il concetto di comunicazione comporta poi la presenza di un'interazione fra soggetti diversi. Si tratta indi di un'attività che presuppone una -seppur minima- cooperazione (ascolto, lettura, dialogo).

Nel processo comunicativo che vede coinvolti gli esseri umani ci troviamo così di fronte a due "poli": da una parte la comunicazione come atto di cooperazione in cui due o più individui la "costruiscono assieme", dall'altra una pura e semplice trasmissione unidirezionale, senza possibilità di replica (ad esempio un messaggio televisivo).

Si distinguono alcuni elementi caratteristici che concorrono a formare un atto comunicativo:

> una fonte emittente: la fonte del messaggio, che lo veicola attraverso un codice convenzionale conosciuto dal ricevente (l'emittente può anche non essere esattamente noto al ricevente. In più l'emittente può comunicare in modo inconsapevole,

può metacomunicare: approfondiremo il concetto in là nel libro);

➢ una parte ricevente: accoglie il messaggio, lo decodifica e lo interpreta;

➢ il codice utilizzato: verbale o scritto, la lingua utilizzata, i simboli, le immagini, i colori;

➢ il canale utilizzato: il canale di propagazione "fisica" del codice (a "voce", televisione, giornale, e-mail);

➢ il contesto: l'ambiente, l'ambito in cui viene diffuso il messaggio;

➢ il contenuto: l'oggetto della comunicazione.

Come detto, il "convenzionale" processo di comunicazione ha natura bidirezionale, indicando che si ha un processo comunicativo quando le persone coinvolte sono allo stesso tempo emittenti e riceventi messaggi.

In realtà, anche in un monologo chi parla ottiene dalla controparte dei riscontri continui ed incessanti, fosse anche solo il messaggio non verbale "non sono interessato a quello che stai dicendo" attuabile guardando "in giro" o sbuffando.
Questo fenomeno è stato sintetizzato come il principio (attribuito a Paul Watzlawick, che studiò e si laureo a Venezia, città cara all'autore) secondo il quale, in una situazione anche solo di vicinanza fra persone, è impossibile non comunicare.
In una sala d'aspetto, su un treno, in ascensore, in tutte quelle situazioni "anonime" di prossimità, emettiamo continuamente per i nostri vicini segnali non verbali (che possono significare, semplificando: "Anche se sono a pochi centimetri da Te non sono interessato ad una comunicazione").
I nostri vicini decifrano il messaggio, lo confermano e spesso lo rafforzano, ricambiando a livello "non verbale" tale "non interesse".

Codesto procedimento avviene, nella quasi totalità dei casi, inconsciamente.

Questo emettere messaggi non verbali è universalmente definito "metacomunicare".

I nostri occhi, le nostre gambe, le nostre mani, il nostro respiro: tutto parla di noi.
I termini che utilizziamo all'interno di un discorso, il tono che usiamo: tutto veicola ciò di cui ci sentiamo sicuri o di cui abbiamo timore.
Con questi dati forniamo una fotografia istantanea di noi stessi, mettendo in chiaro tutto il necessario ed utile per condizionarci.
In un colloquio di lavoro, quando un candidato -nel corso di pochi minuti- tenderà più volte a porre l'accento sulla propria assoluta professionalità, teme che il valutatore sia a conoscenza di un qualcosa concernente il suo passato lavorativo tale da invalidare questa plurima affermazione? Il candidato avrà qualcosa da nascondere?

Gli esperti d'interrogatori ben sanno che -molte volte- non è necessario indagare strenuamente nei confronti del presunto colpevole: sarà lui, inconsciamente, a dir loro in quali direzioni muoversi.

Se un ipotetico "Signor Mario" si dimostra molto sensibile ai problemi delle persone meno abbienti e "dei poveri", se ogni qualvolta si discuta di tali temi traspaia preoccupazione ed angoscia, chi lo osserva capirà che un suo gran timore è la paura di diventare "povero" a sua volta, il "terrore" di trovarsi in quella situazione, senza soldi e senza nessuno vicino.
Se "Mario" facesse parte di una banda di malviventi, se fosse stato catturato e da lui ci si prefigga d'ottenere informazioni sul gruppo criminale, un esperto di persuasione saprebbe che la mossa risolutiva per "farlo cantare" sarebbe quella di prospettargli un futuro da disadattato, un futuro da emarginato abbandonato da tutte quelle persone che sino ad ieri gli si dichiaravano amiche (i suoi complici).

Il linguaggio "gestuale" nondimeno può esprimere molto di più di quanto non sia possibile fare verbalmente.

E' possibile arrampicarsi sugli specchi durante una qualsivoglia interrogazione scolastica ma un professore attento capirà sempre, da una serie di gesti inconsci (balbettio, sudorazione accentuata, occhi che "vagano" nel vuoto cercando suggerimenti) se lo studente esaminato ha studiato oppure no.

La metacomunicazione avviene anche quando due o più persone si scambiano informazioni sul loro modo di comunicare. Guardando fisso negli occhi un nostro interlocutore mentre sta parlando, ad esempio, metacomunichiamo l'importanza e la rilevanza del messaggio.

> *Anche la tipologia d'arredo di un ufficio può metacomunicare. Vi sono persone intimidite quando entrano in una grande stanza munita d'antichi tappeti a terra, costosi quadri alle pareti, con una sontuosa scrivania di legno massiccio ed una poltrona di pelle, unitamente a tutto il corollario di simboli "d'importanza" attorno.*

La comunicazione, ciò nonostante, non "funziona" sempre correttamente: conferme le abbiamo dai conflitti interpersonali di varia gravità che nascono nel quotidiano.

Una contesa, nella maggioranza dei casi, nasce per stabilire chi "conduce la comunicazione".

Ogni volta che si parla con qualcuno, difatti, si negozia il nostro ruolo all'interno della discussione.

Anche se in modo inconsapevole adottiamo delle forme di pressione su tutte le relazioni comunicative che ci vedono coinvolti.

Uno dei numerosi interrogatori cui -non Te ne starò a dire le ragioni- mi è stato chiesto di assistere, vedeva come controparte una ragazza adolescente coinvolta in un fatto di cronaca nera.

Nel corso dell'interrogatorio ho rivolto a questa giovane donna, in modo assolutamente cortese ed il più gentile possibile, alcune domande che mettevano in evidenza delle contraddizioni su alcuni punti che andava affermando.
La ragazza, che fino a quel momento non era mai stata interrotta nella sua esposizione dei fatti (la si era volutamente lasciata "libera"), ha cominciato ad indispettirsi, ad alzare il tono di voce sino ad urlare che "nessuno mai gli crede".
Accettando le sue rimostranze ho, sempre amabilmente, riformulato le domande poste poco prima indicando che se ci trovavamo in quella stanza era proprio perchè tutti noi gli credevamo; ho quindi osservato la sua escalation comportamentale.

Alzando il proprio tono, dopo aver riproposto urlando le sue spiegazioni e lanciato contro il muro un posacenere che si trovava nelle vicinanze, l'investigata ha concluso con un "devo sempre litigare con tutti per farmi capire, tutti ce l'hanno con me".

Alla luce di questo, pacatamente, le ho fatto notare che nessuno stava litigando con lei e che non era nemmeno intenzione di nessuno farlo.
La ragazza, a corto d'argomenti, mugugnò.

Appare giocoforza evidente come -se il modo abituale di rapportarsi agli altri di quest'adolescente fosse stato quello che aveva appena manifestato- era alquanto difficile che la stessa signorina non giungesse frequentemente ad un conflitto (anche violento e fisico) in determinate circostanze.

L'interrogata, nel caso narrato, ha iniziato una comunicazione che le permetteva un'assoluta libertà d'impostazione non rendendosi conto che cercava, quasi a giustificare l'accaduto, uno "scontro".
Nessuno dei presenti l'ha però seguita su quel campo: la conclusione del suo intervento (il mugugno) è stata di fatto una scelta obbligata (non libera) non avendo più "gradini" per alzare il tono della discussione.

Tecnicamente ha sbagliato strategia.
Fra l'inizio dell'interrogatorio e la sua conclusione non ha prospettivamente compreso il divenire della comunicazione, la negoziazione dei ruoli, il "chi" conduceva il processo.

Da "libera", si è trovata "non libera".

Pur partendo da un processo comunicativo estremo (un interrogatorio) vi è sempre la possibilità d'inserire -per un Persuasore- una qualche forma di pressione: vedasi il caso di un ostaggio durante una rapina in banca; ostaggio che, seppur in una comunicazione necessariamente limitata, può convincere il rapitore ad arrendersi od a lasciarlo andare, se vengono "toccate" le giuste "corde".

Lascio a Te dedurre, a fronte di questo breve "racconto", se la giovane in questione possa essere stata l'autrice di un'azione violenta nel corso di un acceso dibattito sentimentale.

Proseguendo nell'esposizione, all'interno della comunicazione troviamo relazioni simmetriche, in cui emittente e ricevente comunicano ad un livello d'uguaglianza riconosciuto ed accettato da entrambi oppure comunicazioni complementari, in cui la relazione è fondata sul riconoscimento di una differenza di ruolo e di compito (datore di lavoro/dipendente, a titolo esemplificativo).

Nelle comunicazioni complementari il dominante gestirà il processo comunicativo.

Affermare "non stai facendo bene" è dominante; "hai ragione" è subordinato.
In una comunicazione corretta, tuttavia, tali ruoli dovrebbero alternarsi.
Paradossalmente, proprio le relazioni simmetriche favoriscono "l'alzarsi dei toni" e l'accensione della miccia che porta ai diverbi verbali.

Laddove non vi sia una gerarchia ben definita, entrambi i protagonisti possono contendersi il controllo del procedimento comunicativo e la posizione di "dominante".
A dimostrazione, in una coppia, quando la "lei" fa notare al "lui" il disordine che lascia in casa ed il "lui" ribadisce che tutti gli armadi sono zeppi di vestiti femminili, disordine e vestiti (ossia il contenuto della comunicazione e l'oggetto del contendere) non hanno importanza alcuna.
Conta il diritto al comando.
A questo tende la maggior parte dei conflitti: a constatare che "noi" abbiamo avuto "effetto" sull'"altro".

Lo specialista di tecniche persuasive saprà riconoscere tali meccanismi, pilotando il tutto. Lo stesso esperto quindi intuirà a priori il prosieguo di una situazione dalle informazioni che sono in suo possesso, da ciò che ascolta e dalla metacomunicazione, scegliendo di muoversi nel modo più vantaggioso.

Sempre nelle relazioni simmetriche, anche le più informali e famigliari, si riscontrano meccanismi di persuasione legati ad una "finta passività".
Ti sarà certamente capitato di vedere un proprio caro od il proprio partner "piangere a dirotto" ed alla nostra domanda su cosa sia successo sentirsi rispondere "non è niente".
Riconosciamo oramai come il messaggio verbale "non è niente" viene negato dalla metacomunicazione (il pianto).
Non conoscendo le ragioni di tale sofferenza, saremo portati a chiederci cosa possiamo aver fatto per provocare tale dolore, valutando se ne siamo in qualche misura responsabili.

"Fare la vittima" attribuisce a qualcun altro il ruolo del carnefice e del colpevole. E' un modo estremamente veloce per ottenere qualcosa da qualcuno "sfruttando" quella sensazione di farlo sentire "causa delle sofferenze".
Inconsciamente questo meccanismo è utilizzato anche dai bambini sin dalla tenera età.

In epoca maggiormente recente a Watzlawick, lo psicologo Friedermann Schulz Von Thun ha proposto un modello di comunicazione interpersonale che distingue quattro dimensioni diverse di comunicazione, un vero e proprio 4D.

> Una dimensione di contenuto: che cosa tratta il messaggio?

> Una dimensione di relazione: che cosa credi pensi di Te l'interlocutore?

> Una dimensione di rivelazione: quello che trasmettiamo di noi e quello che l'interlocutore trasmette di sè nell'atto comunicativo;

> Una dimensione di richiesta: che effetti vuole ottenere chi parla? Effetti impliciti ed espliciti.

Queste quattro dimensioni vanno tenute in considerazione sia nel comporre i "nostri" messaggi sia nell'interpretare quelli che ci apprestiamo a ricevere.

Si parla delle "quattro orecchie" da utilizzarsi nel corso di un componimento dialogico.

ORECCHIO DI CONTENUTO

ORECCHIO DI RELAZIONE

ORECCHIO DI RIVELAZIONE

ORECCHIO DI RICHIESTA

Ovviamente, nel presente testo non darò indicazioni di sorta su quale orecchio sintonizzarsi di volta in volta secondo l'occasione.
Ho illustrato questo modello al solo scopo di mostrare come si sia sempre liberi di assegnare ad una comunicazione un significato piuttosto che un altro.

A Te la scelta.

Mi preme giusto ricordare, rilevandolo, che prima di rivolgersi al Tuo orecchio gli specialisti della persuasione si rivolgeranno al Tuo inconscio, ma non disgiuntamente l'uno dall'altro.

VII.
IL CAMPO DI GRANO (ATTORNO A NOI)

"L'uomo ragionevole si adatta al mondo.
L'uomo irragionevole adatta il mondo a sè".
George Bernard Shaw

Letto quest'aforisma di Shaw, se dovessimo chiederci dov'è oggi il "campo di battaglia" persuasivo, cosa ci risponderemo?

Non sono a conoscenza di cosa replicheresTi, ma personalmente risponderei in questo modo: "ovunque".

Analizzando i concetti espressi si capirà come la comunicazione -nonostante tutto- favorisca una "socializzazione".
La socializzazione corrisponde all'apprendimento di norme, usi e costumi, modelli culturali e comportamentali utilizzati dai membri di una collettività, o più in generale dai membri di un gruppo, di una nazione o di un dato territorio.

Tale insieme di "usi e costumi" non vengono solo "conosciuti" ma anche interiorizzati, così che la maggior parte dei desideri, delle attese e dei bisogni che ognuno di noi possiede si adattino a questo insieme.
Per gli individui diventa "naturale" e di conseguenza normale adottare certe scelte piuttosto che altre.

È auspicabile che "una" verità esista, lasciando eppure ampi margini d'interpretazione secondo chi la guarda. Ad operare su tale interpretazione saranno i fattori di carattere culturale, sociale e religiosi intrinseci in ognuno di noi. Se l'opinione pubblica si nutre d'informazione, è altrettanto vero che l'informazione si presta ad una molteplicità d'elementi in grado di trasformarla e manipolarla.

Sostiene Lippmann che ci sentiamo "a proprio agio" quando rispecchiamo e rappresentiamo appieno una visione di società che non è da noi solo accettata, ma completamente interiorizzata.

Molti celeberrimi giornalisti si definiscono liberi, indipendenti e neutri. Dichiarano di non subire influenze o pressioni esterne in relazione alla loro attività.

Questo può essere vero.

Ma, con buona probabilità, non ricoprirebbero quell'importante incarico se non avessero già ampiamente dimostrato che non è necessario che qualcuno dica loro cosa scrivere, in quanto (consciamente o meno) sono già condizionati e già conoscono quello che devono (o possono) scrivere. Sostengono d'essere liberi mentre in realtà hanno solo interiorizzato ideologie, pensieri e comportamenti.

Inoltre, sotto l'insegna della neutralità informativa si nascondono i più pericolosi tranelli. Le fonti che si dichiarano "neutre" nei confronti dei diversi gruppi di potere renderanno l'informazione più credibile e convincente rispetto ai vari mass-media dichiaratamente di parte, proprio in virtù della loro presunta neutralità.

Ho citato in precedenza i termini "leader politici", "aziende" e "multinazionali".

Oramai, in Italia ma non solo, i tre termini spesso possono "coincidere", rendendo ancor più complicata la classificazione degli interessi dei Persuasori e la loro identificazione. Di frequente le "persone di partito" hanno un'influenza diretta su questioni relative ad aziende e multinazionali, delle quali detengono consistenti pacchetti d'azioni o ne sono sostenute elettoralmente.
Le controllano direttamente od indirettamente, e per ricostruire il legame molte volte è necessario seguire il filo d'Arianna attraverso lussuosi corridoi e mirabolanti uffici.

Oggigiorno questo avviene a tal punto che detti "collegamenti" rappresentano uno dei punti focali nel dibattito volto a riconoscere la natura dello stesso sistema democratico rispetto alla manipolazione che questi sono in grado di esercitare sui mass-media. E ciò senza che l'opinione pubblica possa accorgersi di vivere una condizione di "sudditanza informativa".

È bene dunque porsi ripetuti ed approfonditi quesiti sulla struttura ed organizzazione interna dei vari mass-media che ci apprestiamo a leggere od ad ascoltare (ovviamente anche se l'ascolto avviene tramite rappresentanti fisici) per capire la loro collocazione rispetto a determinate posizioni (economiche, politiche) nonchè rispetto ad altre lobbies di potere.

Nei media la notizia appare sempre meno resoconto e sempre più "costruzione di realtà parallela".
Media appartenenti o collegati a determinate lobbies che, correlatamente alla qualità della "costruzione" effettuata, possono portare risultati decisivi nella formazione di un atteggiamento collettivo.
Creano realtà per fini politici o finanziari, con logiche che hanno ridotto i mass-media a casse di risonanza dei poteri forti ed utilizzati per diffondere realtà preconfezionate.
Come se non bastasse, l'informazione trasferita spesso è consumata troppo velocemente o in stati di "soprappensiero" per generare, da parte del pubblico, un'analisi critica.

Questo avviene perchè nei giornali, nella televisione ed anche nel generico "altro" (da intendersi come l'occasionale interlocutore) proiettiamo niente di meno che il nostro inconscio emotivo: proiettiamo la nostra identità, chi siamo o chi crediamo d'essere.

Il singolo individuo -in aggiunta- desidera collocare al meglio la propria posizione nel contesto sociale a fronte di un ben stabilito e delineato scenario relazionale (la comunità in cui vive).

Collocare al meglio la propria posizione significa svolgere una professione convenzionalmente etichettata come "privilegiata" e "ben remunerata", spostarsi su auto di lusso e di grossa cilindrata, avere una casa ed una famiglia "invidiata" ed "invidiabile".

Sempre questo principio, definito "di riprova sociale", ci spingerà a prediligere -dovendo per esempio scegliere fra due ristoranti quello in cui recarsi a cena- quello maggiormente affollato, la cui lista d'attesa ci farà attendere una buona mezz'ora prima di sederci a tavola (chiarificando: la nostra scelta è condivisa da molte persone, perciò sono un "vincente". Se è stata condivisa da molti, un motivo ci dovrà pur essere).
In linea generale la comunicazione che sarà utilizzata nelle diverse fasi del vivere quotidiano avrà principalmente le seguenti funzioni:

> strumentale (ottenere qualcosa esplicitamente);

> informativa (trasferire o ricevere conoscenze);

> espressiva (ricevere o manifestare sentimenti);

> sociale (socializzare);

> legata al ruolo (la comunicazione svolta in ambito professionale);

> di controllo (influenzare, persuadere gli altri).

All'utilizzo che farà di quest'ultima funzione, trasversale a tutte le altre e spesso "mascherata" (avete mai manifestato affetto od amore -comunicazione espressiva- per persuadere qualcuno a fare qualcosa? "Allora vuol dire che non mi vuoi bene!"), sarà legato il ruolo del Persuasore.

Il Persuasore, peraltro, è pienamente consapevole che "gli uomini" tenderanno a "lasciarsi andare" principalmente nelle seguenti occasioni:

➤ quando sono "sotto stress" (il dettaglio lo vedremo avanti);

➤ nel caso in cui l'ambiente circostante proposto abbia valori coincidenti a quelli della "vittima individuata";

➤ laddove vi sia deferenza verso un soggetto identificabile come l'"Autorità";

➤ quando la "vittima" identifica il Persuasore come persona con analogo vissuto ("sono un lavoratore come Te, conosco i Tuoi problemi"; "io nella politica porto le Tue difficoltà perchè le vivo come Te");

➤ per rispondere ad un'esigenza d'interesse personale, sia essa emotiva o materiale;

➤ la "vittima" tende "a lasciarsi andare" nel caso in cui vi sia un'adulazione nei suoi confronti o l'esonero da eventuali sensi di colpa (una decisione difficile, che in futuro può essere "rinfacciata", sarà facilmente affidata a terzi).

Prima però viene il "conoscere".

Il persuadere implica il saper riconoscere i vari tentativi di persuasione che "altri" pongono in essere.

Come ripetuto, in questa prima occasione di lettura cercherò d'illustrare i metodi più semplici e fruibili per capire e riconoscere qualora qualcuno o "qualcosa" voglia persuaderci.

Nel secondo trattato (se volontà dell'editore pronto ad una futura pubblicazione) una volta imparato a riconoscere le metodologie di persuasione c'incammineremo sulla strada del diventare, a nostra volta, per chi vorrà seguirmi, Persuasori.

Sempre in questo primo volume approfondiremo quelle tematiche la cui persuasione è applicata per ottenere dal Persuaso qualcosa.
Siano esse informazioni, denaro, sesso, ubbidienza o, più genericamente, quella persuasione atta ad influenzare tutte le nostre scelte.

Entriamo nel vivo.

MettiTi comodo.

VIII.
IL CAMPO DI GRANO
(LE RELAZIONI FRA LE SPIGHE)

"Non fidatevi, Troiani.
Sia ciò che sia, temo i Greci, specialmente se offrono
doni".
Virgilio

Risulta assai complesso enunciare e porre a sintesi tutti i metodi con cui i mass-media, i governanti, i datori di lavoro, gli amici ed i famigliari tentano (di solito riuscendoci) di persuadere le nostre scelte.

Appare necessaria, a questo punto, una netta affermazione: all'interno delle citate figure non tutti sono Persuasori in modo consapevole.

La Tua compagna o compagno, infatti, cercheranno di persuaderTi costantemente ma in modo del tutto ignaro.

Una frase del tipo "Esci pure con i Tuoi amici, non preoccuparTi per me, starò qui a casa da sola/o" nasconde un ricatto morale per il quale risulterà molto arduo non rinunciare all'uscita programmata.
Un confidente od un conoscente, analogamente, utilizzerà la classica affermazione "Mi devi un favore" per farci fare qualcosa che non desideriamo fare, sentendoci moralmente in debito e con la necessità di "dover sdebitarci".

Altri però hanno utilizzato, utilizzano ed utilizzeranno scientemente dette tattiche.
Un Propagandista è in grado di riconoscere ed applicare suddetti metodi con facilità, con una completa consapevolezza d'utilizzo.
Per ottenere qualcosa da una terza persona è dapprima necessario -come punto iniziale- avere un "piano".

L'impostazione e lo sviluppo di un sistema persuasivo costituiscono opera delicata: colui o coloro che vi sono preposti deve/devono possedere un alto grado di sensibilità specifica ed un alto grado di conoscenza delle persone da persuadere (a mero titolo chiarificatore: carattere ed indole, punti d'orgoglio e lati deboli).

Ci sono esempi di persuasioni riuscite anche senza metodo alcuno, per mero fato, ma questo è un rischio.
Non si può contare sempre sulla fortuna ma soprattutto non è intelligente farlo.

Valutazioni errate, come se non bastasse, possono produrre risultati opposti a quelli sperati.

Un Persuasore sa che ogni "piano" può essere affinato e limato in corso d'opera: durante la conversazione, al prossimo spot, nel successivo articolo di giornale.
Ma uno sviluppo senza chiarezza strategica su quello che si desidera ottenere e sul come, anche se accurato, può non dare i risultati attesi.

Gli Orditori accorti sanno molto bene che la forma è tutto ed il contenuto irrilevante.
Il che cosa diciamo è il come lo diciamo.

Leggi queste frasi:

> ➢ acquista questo famoso computer, utilizza i programmi più collaudati!

> ➢ acquista questo comune computer, utilizza i normali programmi!

Quale computer compreresTi?

Vabbè, non Ti chiedo di rispondere.

Elimina però gli aggettivi dalle due frasi, ed inserisci parole "neutre" (ad esempio, l'aggettivo "famoso" può significare che il personal computer è "comune" e, se un programma è il "più normale", è anche il "più collaudato").

Le due frasi "dicono" la stessa identica cosa.

AvresTi comprato il primo computer?
Bene, il Persuasore ha fatto ciò che sa fare.

1	2	3	4
Signore, Signori	la congiuntura attuale	deve integrarsi con la finalizzazione globale	di un processo che vada verso una maggiore uguaglianza
Sono fondamentalmente convinto che	la situazione di esclusione che alcuni di voi conoscono	costringe a tener conto in modo ancor più tangibile	di un avvenire che si orienta verso maggior progresso e giustizia
Sappiate dunque che mi batterò per far riconoscere che	la gravità dei problemi della vita quotidiana	fa appello al cittadino che sono e obbliga noi tutti a proseguire speditamente sulla via	di una ristrutturazione sociale nella quale ciascuno potrà finalmente ritrovare la propria dignità
D'altronde è con piena cognizione di causa che oggi posso affermare che	la volontà caparbia di far uscire il nostro paese dalla crisi	ha come conseguenza tassativa l'urgente necessità	di una valorizzazione senza concessione dei nostri caratteri specifici
Tengo a dirvi qui la mia salda determinazione a proclamare forte e chiaro che	lo sforzo prioritario in favore della condizione precaria degli esclusi	corrobora il mio desiderio indefettibile di andare nel senso	di un piano corrispondente per davvero alle esigenze legittime di tutti
Da un pezzo difendo l'idea che	il particolarismo dovuto alla nostra storia unica	deve portarci alla scelta realmente imperativa	di soluzioni rapide corrispondenti ai grandi assi sociali prioritari
Ed è in piena coscienza che dichiaro con convinzione che	l'aspirazione più che legittima di ciascuno al progresso sociale	fa sì che le preoccupazioni della popolazione siano di base nell'elaborazione	di un programma più umano, più fraterno e più giusto
E non sarete certamente voi, miei cari, a contraddirmi se vi dico che	la necessità di rispondere alla vostra preoccupazione quotidiana, siate voi giovani od anziani,	comporta una missione quantomai esaltante per me: l'elaborazione	di un progresso che porti vere speranze, in particolare per i più indigenti

Testo di Jacques Poustis. Comincia con la casella in alto a sinistra, poi continua con qualsiasi casella della colonna 2, poi con qualsiasi altra della 3, poi con qualsiasi altra della 4 e poi torna dove più Ti piace sulla colonna 1, per riprendere a caso. Che ne pensi, il discorso è persuasivo?

E' opinione diffusa che chi controlla quello che vedi controlla anche ciò che pensi.

I Persuasori, nel predisporre il piano di persuasione, dovranno altresì decidere se dare più importanza ai fattori "razionali" piuttosto che a quelli "emozionali".
I più pratici cercheranno -molto spesso, sempre- di "parlare" alla persona nella sua interezza, cercando di non separare cuore e testa, necessario e voluttuario, la ragione dall'emozione.

Nel piano hanno come dogma che il messaggio "non esiste" finchè non viene ricevuto dal destinatario.
Il ricevente trasformerà il "dato" tramite la sua "percezione" ed opinione, percezione ed opinione determinate dal proprio "sistema di conoscenze", convinzioni e valori che in lui "risiedono".

Si può notare che il tutto è un circolo vizioso (i Persuasori determinano comportamenti sociali convenzionali, inviano successivamente messaggi, la persona percepirà quindi tali messaggi "all'interno" dei valori -comportamenti sociali- già stabiliti dai Divulgatori) da cui, se non si è a conoscenza del meccanismo "d'influenza", difficilmente se ne potrà uscire.

L'Opinion Maker conosce pertanto a priori gli atteggiamenti e le opinioni del Persuaso e, nel momento in cui non ne fosse a conoscenza, dovrà acquisirne gli estremi.

Descriviamo adesso sommariamente i termini "atteggiamento" ed "opinione".
Un atteggiamento costituisce un orientamento favorevole o sfavorevole verso un concetto, un'idea, un'organizzazione od una persona.
Un essere umano, conseguentemente ad un atteggiamento, reagirà in maniera predeterminata nei confronti di questo concetto, quest'idea o quest'organizzazione.
Frequentemente si sviluppano "atteggiamenti" in modo del tutto inconsapevole e non rare sono le affermazioni "mi sta

antipatico ma non ho un motivo preciso" oppure "mi è antipatico a pelle".

L'opinione invece implica una preferenza ed un'aspettativa rispetto a questa specifica, appunto, opinione.
A differenza dell'atteggiamento che ha comunemente genesi "inconscia", l'opinione nasce da motivi razionali ed è "interiorizzata" dalla persona.

Proseguiamo il nostro cammino.

Molti di noi pensano che il formulare un piano di persuasione sia un procedimento assolutamente lineare. Niente di più sbagliato. Non è così e nemmeno può esserlo, salvo che non si desideri arrivare a soluzioni banali (e quindi facilmente capibili dall'"indotto a credere") o già percorse (altri Persuasori le stanno utilizzando per i propri fini).

Scriveva Pareto: "Bisogna trovare nessi nuovi fra cose note".

Questo il punto di partenza d'ogni Macchinatore, che di suo aggiunge: "Ed anche i vecchi nessi vanno bene, se funzionano".

Il Manipolatore, nella sua azione, sarà tenuto ad avere un target circa i possibili Persuasi; dovrà anche confezionare un "prodotto" in grado di sottrarre fette di mercato ad altre "proposte".
Sino alle Olimpiadi messicane del 1968, il metodo utilizzato da tutti gli atleti per effettuare il salto in alto consisteva nell'affrontare l'asta frontalmente. Tale modalità di salto si chiama Western Roll.
Un assoluto sconosciuto, in un'occasione di dimensione mondiale, al momento del salto si staccò da terra e porse la schiena all'asta.
Il suo nome era Dick Fosbury.
Ora tutti utilizzano la sua tecnica.

Dick Fosbury ha creato un nesso nuovo fra cose note.

Non è la regola, ma è accettabile che la pianificazione di una strategia di persuasione nasca da un'intuizione o da un "pensiero laterale" (in merito leggi Edward De Bono, "Il Pensiero Laterale").

James Watt ha dato il via alla rivoluzione industriale osservando il vapore che usciva dalla sua teiera. Così nacque la macchina a vapore. Moltissime persone avevano assistito a tale fenomeno, ma non avevano intravisto la fronte d'energia presente in esso.

La trappola dell'ovvio è sempre in agguato e questo i Persuasori lo sanno bene.
L'ovvio difatti potrebbe rendere il processo persuasivo troppo percepibile ed evidente.

Nel predisporre una tecnica di persuasione il "creatore" terrà in evidenza le seguenti condizioni:

> il "che cosa" diciamo è il "come lo diciamo" (esprimere concetti assurdi od eticamente deplorevoli ma farlo - ad esempio- attraverso un canale universalmente accettato come strumento d'informazione può far diventare il concetto espresso accettabile. E' il caso dei numerosi personaggi legati a recenti fatti di cronaca che diventano acclamati fenomeni mediatici);

> una buona tecnica non può "mirare" solo al razionale o solo all'emozionale. Deve guardare all'essere umano nella sua totalità, non separando i due fattori;

> la strategia riguarda anche come il messaggio viene ricevuto e capito (pertanto dovrà essere valutato l'ambiente in cui vive il Persuaso);

> bisogna evitare l'agguato dell'ovvio (il Persuasore si porrà la seguente domanda: "Il Persuaso è uno stupido?" Domanda a cui dovrà rispondersi: "No, è mia moglie, il mio collega, il mio amico").

La strategia dipende poi molto da cosa desidera ottenere e sul tipo di persuasione che intende effettuare.

In precedenza accennavo: "Il Persuasore conosce a priori gli atteggiamenti e le opinioni del Persuaso e, laddove non ne fosse a conoscenza, deve acquisirne gli estremi".

Quelli di lungo corso cercheranno di conoscere quante più informazioni possibili su di Te, sui Tuoi passatempi, sulle Tue possibilità economiche, sul Tuo pensiero politico, sulle Tue preferenze sessuali, sia in qualità di cittadino, sia di consumatore, di lavoratore o quant'altro.

Informazioni sul Tuo stile di vita.

Le principali aziende nel nostro tempo creano -nei propri archivi- un profilo informatico associato ad ogni singolo cliente (ma anche sul singolo dipendente, visto nella duplice veste di dipendente e consumatore).
Questo profilo, comunemente denominato "skill", servirà loro per proporTi le offerte più "aderenti" al Tuo modo d'essere o per dedicarTi solo ed esclusivamente il "peso contrattuale" che loro hanno stabilito Tu abbia.

Similmente un partito politico analizzerà i Tuoi desideri, le Tue aspirazioni, le Tue esigenze e le Tue insicurezze.

Proporrà quindi programmi elettorali che diano risposte a questi "intenti" (perlomeno in fase propagandistica): in siffatta maniera Ti hanno persuaso a votare quel determinato gruppo.

Non sempre però le informazioni sono facilmente reperibili o disponibili.

I grossi "organismi" utilizzano allora espedienti estremamente subdoli per ottenerle: carte "punti" premio (che indicano cosa, dove e quando compri, riflettici!), i provider internet creano database (che poi vendono) su ciò

che "visiti" navigando in rete, il Tuo indirizzo email perché -
invece- continua a ricevere quella pubblicità?

Le banche per caso conoscono la Tua disponibilità
economica proponendoTi prestiti di cui hai un disperato
bisogno?
I Tuoi dati, di fatto, sono nelle disponibilità di decine
d'aziende. Quante offerte promozionali ricevi nella Tua
cassetta postale? Ti sei mai chiesto il perché? Forse per il
motivo che qualche anno addietro hai comprato un libro su
un catalogo online?
Bene, se cominci a porTi queste domande, il passo per il
lungo sentiero intrapreso è quello giusto.

Ad ogni modo, esistono sempre informazioni su di Te: si
tratta solo di trovarle (o dedurle).

ChiediTi ancora: a quante persone ho lasciato il mio
indirizzo? Quanti moduli ho compilato con i miei dati? E
quell'hotel dell'ultima vacanza che ora m'invia
periodicamente le offerte last minute? Cosa ho firmato a
favore di quel partito politico che periodicamente mi
aggiorna con le sue newsletters? Per caso quella proposta
che mi è pervenuta via posta per l'acquisto ad un prezzo
impossibile di un televisore a cristalli liquidi sarà frutto delle
scartoffie che ho firmato per le rate con cui ho comprato
l'home theatre presso l'ipermercato vicino casa?

ChiediTi anche: quali miei dati possiedono i gestori della
carta di credito che gelosamente custodisco nel portafoglio?
Sanno quanto spendo, a che ora, dove spendo e che genere di
"cose" acquisto.

ChiediTi se tali dati possano essere utili ad aziende o
multinazionali in genere. Utili agli apparati di potere. Utili
all'indirizzamento delle masse.

Che dici, tenteranno di persuaderTi?
Tenteranno di convincerTi a "migliorare" quello che Tu
potresTi già ritenere un accettabile stile di vita?

- Diffida di ciò in cui credi -

Di questo si tratta: consegnare le nostre abitudini ed i nostri pensieri a persone terze.
A persone che, per scoprire tali elementi, scavano sempre, incessantemente.
Riveliamo molto di noi anche quando meno lo crediamo possibile (una foto sulla scrivania può significare di più di quanto non si pensi, così la sua sistemazione, a destra od a sinistra del tavolo od il "tipo" di fotografia -montagna o mare?-).
Riveliamo aspirazioni, valori, punti di riferimento, desideri.

Riveliamo paure. Riveliamo opinioni.

Insomma, quanto basta all'"orecchio" attento del Persuasore.

Il nostro comportamento è in gran parte dettato dalla ricerca di soddisfare i "nostri" bisogni.
Bisogni che sono classificati secondo una precisa scala, dai primari a quelli più complessi. Fra i primari certamente vi sono quelli di sicurezza sociale, quelli "d'amore/affettivi", quelli "d'importanza pubblica" (torna il principio di riprova sociale).
Un Persuasore, nell'esatto momento in cui viene a conoscenza di quali bisogni una persona stia cercando di soddisfare, utilizzerà queste informazioni per ottenere quanto si è prefissato d'ottenere.

La prima fonte di notizie su noi stessi siamo, insesatamente, proprio noi.

Ti dice niente un sito di nome "My Space", sito in cui centinaia di migliaia di persone pubblicano e rendono visibili i loro hobbies, i loro interessi, le loro passioni?
Ti sei mai chiesto chi è il proprietario di My Space?
Che mi dici di Facebook?
La peggior minaccia per i nostri dati siamo noi.
La tecnologia non fa niente, sta solo lì ad aspettarci al varco: se vai su Facebook e regali i Tuoi riferimenti a tutti, di chi è la responsabilità?
Interessanti i social network, vero?

In primis, per chi?

> *Non sono a conoscenza se, quando leggerai il libro, il sito www.whattheinternetknowsaboutyou.com sarà ancora accessibile. Alla prima occasione comunque, se possibile, visitalo: quello che potrai apprendere è impressionante. Ci verrà infatti mostrata la cronologia delle pagine web che abbiamo visitato e le interrogazioni utilizzate nei motori di ricerca.*
> *Attenzione quindi alla privacy, la Rete ci osserva!*
> *Del resto internet ed i Gps sono nati per scopi militari ed il fatto che siano stati resi pubblici non è un gesto di bontà. E' un gesto che permette un controllo globale.*

I Persuasori classificano le persone su cui devono operare tenendo conto di precisi parametri: parametri demografici, d'istruzione, economici e psicologici.

Ma, nonostante queste "classificazioni", non dividono lo stesso -nettamente- la società.
Lo stesso individuo può essere moderno nell'arredamento e legato alle tradizioni nel cibo, progressista nel vestire e conservatore nel pensare, permissivo in ufficio ed autoritario in casa.
Questa "continuità dell'imparare" è la principale attitudine che ogni Persuasore (od aspirante tale) deve possedere, qualità resa necessaria dall'accelerazione del ritmo del cambiamento e dalla complessità della nostra società.

La pianificazione si basa sull'idea fondamentalmente errata che sia possibile prevedere cosa ci riserverà il futuro. Dato però che non esiste un modo certo di prevederlo, non esiste nemmeno un modo certo di pianificare.

Perché allora continuare a farlo?
Un piano può essere poco utile per valutare il futuro, ma indispensabile per valutare il presente.
Può simulare possibilità, scenari, conseguenze.
Il miglior modo per prevedere il futuro è quello d'inventarlo.

- Diffida di ciò in cui credi -

E pure quando le informazioni di cui parlavamo non sono reperibili, un buon Comunicatore le dedurrà nel corso dei contatti che intrattiene ed intratterrà.

IX.
SPOSTARE LE SPIGHE (CREARE IL VENTO)

Domanda: "Come vive in questo Stato?"
Risposta: "Non mi posso lamentare"
Domanda: "Vive bene allora!"
Risposta: "Provi Lei a lamentarsi".

Nessuno spende soldi ed energie solamente per informare: scrivono, riportano, parlano per far succedere qualcosa nella mente di qualcuno.

Lo fanno per rimuovere un pregiudizio, per consolidare una convinzione, per renderci coscienti di un (anche solo presunto) vantaggio ottenibile.

Nel corso dell'anno 1938 si comprese appieno la potenza persuasiva dei mezzi informativi di massa.

Una trasmissione radiofonica americana, mentre trasmetteva in diretta il romanzo "La guerra dei mondi", fece uscire e scappare dalle proprie case migliaia d'ascoltatori, convinti che la Terra fosse "sotto attacco" da parte degli extraterrestri. Fu evidente come una notizia comunicata alla gente da una fonte autorevole diventi credibile ed accettata di per sè. Un potere invisibile ma fortissimo.

Persuasivo, appunto.

Il primo passo da compiere per comprendere tale fenomeno è quindi conoscere l'attuale "posizione" dell'individuo che definiremo ALFA: che cosa fa, che cosa pensa, a cosa ambisce e via dicendo.
I Persuasori decideranno in base alle proprie esigenze che cosa vorranno modificare di tale "stato". Il "che cosa" vorranno faccia o pensi dopo aver ricevuto il messaggio.

Si consideri la leva persuasiva che può utilizzare un datore di lavoro qualora fosse a conoscenza delle reali ambizioni dei suoi dipendenti. La metafora del "coniglio e la carota", più di mille parole, può esemplificare il concetto.

Il mondo del lavoro offre altri facili spunti di riflessione sui processi di condizionamento mentale. Il cosiddetto mobbing (sempre più frequentemente sostituito dal termine "costrittività organizzativa") altro non è che una serie d'azioni attuate (da superiori gerarchici o da colleghi pari mansioni, indifferentemente) per modificare la percezione che la vittima "bersaglio" di tali azioni ha di sè, sfiduciandola e tentando di farla sentire "inutile", invitandola ad abbandonare spontaneamente il proprio posto di lavoro.

Molte di queste vittime finiranno poi con l'assimilare l'insuccesso lavorativo con l'insuccesso della propria vita.

Quello che in un'azienda è definito "atteggiamento professionale" altro non è che il risultato di un processo (riuscito) di condizionamento secondo i criteri di professionalità stabiliti dal management dell'azienda stessa.

Potremmo arrivare a definirci "professionali" o meno in quanto l'ambito lavorativo offre una percezione di sè diversa da quella presente in ambito "privato", percezione data dai legami e dalle regole presenti nel solo posto di lavoro e create per la specifica realtà.

Basti pensare (benché talune lavorazioni non richiedano di entrare al lavoro in orari assai mattinieri) all'obbligo di timbrare il cartellino di buon mattino, che rappresenta una forte forma di condizionamento.

Il processo inconscio, di fatto, è: "Se sono disposto ad alzarmi a quest'ora vuol dire che giudico importante ciò che andrò a fare".

L'attività è pertanto valorizzata nella misura in cui si è disposti a fare dei sacrifici per essa.

Il far proprie le consuetudini ed il linguaggio vigenti in azienda (solitamente inutili inglesismi o termini sportivi quali team, staff, altro) ci porterà ad entrare nel cosiddetto "clima aziendale".

Così come i corsi d'aggiornamento e di formazione servono prevalentemente a rafforzare la nostra appartenenza al "nostro" ambiente lavorativo, il farci sentire parte di un sistema per conformarci a tale "mondo".

> *Dando qualche anticipazione della prossima pubblicazione, mi preme ricordare come il lavoro sia un mezzo e non un'identità od un fine.*
> *Un mezzo di sostentamento. Subire ad esempio un'azione di mobbing (quale il vedersi togliere qualsivoglia autonomia decisionale piuttosto che il vedersi isolare od il non vedersi attribuire operatività alcuna) per un esperto di persuasione che concepisce il tutto in un'ottica di vantaggio personale, è da considerarsi, paradossalmente, un fatto positivo.*
> *Infatti, se il lavoro non è identità personale è possibile paragonarlo ad un sistema d'ingranaggi od ad una catena di montaggio.*
> *Una catena di montaggio che, con il sistema di mobbing in atto, vedrà la "vittima" meno responsabilizzata e legittimata a siffatta minor responsabilità, pur percependo medesima corresponsione economica di lavoratori con ben più oneri e con maggiori carichi di lavoro.*
> *Un Manipolatore anche non eccelso sarebbe in grado di portare facilmente questa situazione a proprio vantaggio, mettendo in seria difficoltà l'autore o gli autori di tale mobbing. Quella che sarebbe una posizione di debolezza, se non percepita come identità personale, diventerebbe una posizione d'assoluta forza ed a chi tali azioni "persecutorie" propone risulterebbe molto difficile non attribuire all'"oppresso" innegabili capacità relazionali.*

Sempre e comunque una strategia persuasiva ha un determinato percorso: la strada dal punto X (ciò che pensa la persona ALFA oggi) al punto Y (ciò che vorranno far pensare ad ALFA dopo il percorso) può avere durata temporale variabile, da "adesso a fra qualche secondo" sino a "da adesso a fra anni".

- Diffida di ciò in cui credi -

Un Persuaso con strategie "psicologiche" invece continuerà a comportarsi come si comportava nel punto Y, perchè nulla considera e percepisce modificato nel suo comportamento, mutato lentamente e senza costrizione. Il comportamento ultimo ALFA lo percepirà e lo sentirà come comportamento proprio e da lui deciso.

Il processo di persuasione sopravvivrà al tempo qualora il soggetto includerà nella propria personalità la nuova "percezione di sè". Laddove invece l'effetto della persuasione lo si vuole ottenere in un breve/brevissimo periodo, il processo dipenderà dal continuo supporto ambientale circostante (minacce, intimidazioni) e terminerà non appena tali supporti cesseranno.

A metà del 1700 Samuel Johnson scriveva: "Gli annunci pubblicitari (N.d.A.: oggi potremmo semplicisticamente definirli "messaggi") sono così numerosi che sono letti con negligenza, ed è perciò necessario conquistare l'attenzione con magnificenza di promesse e con eloquenza talvolta sublime e talvolta patetica".

La voce cui diamo più retta non è quella che urla a volume elevato. È quella che meglio parla a noi e per noi e che meglio corrisponde a quello che noi crediamo il nostro modo di pensare e d'essere od, ulteriormente aderente, a ciò che desidereremmo essere.

La possibile vittima ascolterà il messaggio in base all'utilità che dallo stesso crede di poter conseguire ed alla maggior considerazione sociale che tale "ricezione" può consentirgli d'ottenere.

Alla stregua del Tuo comportamento ordinario, che Ti farà acquistare non creme o profumi: acquisterai "bellezza".
Non acquisti vestiti, ma fascino.
Non un pezzo di plastica, ma il "potere" che fornisce una carta di credito.
Non T'iscrivi ad un partito, ma ai benefici che tramite esso puoi realizzare.

Il Mentalista sa anche che la convenienza può essere solo apparente.
L'importante è esclusivamente il far supporre che sia conveniente e vantaggioso aderire a questo movimento od a quest'opinione od acquistare questo o quel prodotto.

Analizzano come pensiamo, come e cosa valutiamo, come e cosa confrontiamo, come decidiamo.
Quanto più quest'analisi sarà precisa e corretta tanto maggiore sarà la probabilità di successo nell'opera di persuasione.

Anatomizzano anche l'ambiente in cui viviamo, corrispondente al quadro di riferimento in cui si collocano le opinioni ed i comportamenti.

X.
LA NATURA (DEL VENTO)

I fattori ambientali che i Persuasori prendono in considerazione hanno diversa natura.
Possono essere situazioni oggettive (il luogo di residenza, il reddito, le leggi di riferimento), situazioni culturali ed emotive (insicurezza politica ed economica, convinzioni religiose) o situazioni legate a comportamenti contingenti anche lontane dall'effettivo interesse dell'Istigatore.

In tale ambiente e dallo stesso influenzate, il Persuaso coltiverà le proprie opinioni e vedrà nascere le proprie esigenze (o come abbiamo visto quelle che crede essere le proprie opinioni ed esigenze).

Esigenze che ora andremo a catalogare:

> esigenze d'utilizzo ("quanto mi serve aderire a quest'opinione/effettuare questo comportamento/comprare questo oggetto?");

> esigenze sociali ("socialmente che importanza mi daranno gli altri se scelgo quest'opinione/questo comportamento/questo oggetto?");

> esigenze d'immagine ("che opinione avrò di me, nel contesto in cui vivo, scegliendo quest'opinione/questo comportamento/questo oggetto?").

Un qualsiasi Manipolatore prima di parlarTi, di fare un annuncio, di pubblicare una notizia, di divulgare un messaggio o quant'altro, sa di dover attentamente verificare tutti questi fattori in correlazione a ciò che intende ottenere.
Ricordalo e tieni stretta (e ben nascosta!) la Tua vera lista dei valori, rimembri l'inizio del libro?

Abbiamo in precedenza affermato che il Persuasore -se le informazioni non sono abbondanti e se sono qualitativamente scarse- sa che deve trovarne (con il machiavellico "il fine giustifica i mezzi", Machiavelli è vivo e vegeto in tutti i processi persuasivi) quante più possibile.
Solo nel caso in cui nulla emergerà formulerà ipotesi.

Rattristiamoci: mentre Tu stai leggendo il Persuasore ha raccolto e sta raccogliendo dati, informazioni ed impressioni. Ti ha identificato ed ha identificato le Tue principali percezioni. Ha analizzato la Tua valutazione dei rischi ed il modo in cui stabilisci le Tue priorità.

Ma è tutto o manca ancora qualcosa?

Stabilito il "piano", adesso è questione di talento persuasivo.

Non hanno possibilità alcuna quelli che s'affidano al solo "esercizio del potere". Concordemente alla mia personale esperienza, i buoni Persuasori affrontano le situazioni talvolta come persone desiderose d'apprendere e talvolta come "illuminati" in materia, altre volte trasformando le certezze in incertezze piuttosto che viceversa.

Nulla può sostituire l'intuizione di una mente ed una capacità di una celere flessibilità d'adattamento alla situazione, oltre all'esperienza.

La vera creatività è selvaggia, inaspettata, "irregolare".

Rimanere all'erta per cogliere indizi su cui modellare ulteriormente il processo è cosa buona.

I migliori Mentalisti, potrà sembrare strano, sono comunemente attenti patologi.
In modo paradossale, la "psicoterapia" non è efficace nei confronti dei "malati di mente": funziona quasi esclusivamente con chi "sta bene".

Più una persona è psicologicamente sana e meno avrebbe bisogno di "cambiare", maggiore è la sua ricettività ai "cambiamenti", anche quelli indotti.

Il prossimo slogan elettorale, comunque, è ora pronto. O per caso hai già deciso d'acquistare quella rombante automobile tanto pubblicizzata per "scalare" montagne che mai nella Tua vita presumibilmente affronterai?

Fin qui abbiamo appurato che i potenziali "bersagli umani" non sono molto interessati ad un messaggio se questo non risolve un loro problema o perlomeno non offre un'utilità rilevante.

La strada maestra che i Persuasori solcheranno sarà quella del creare -fittiziamente o meno- utilità, ed i più preparati creeranno anche fittizie esigenze da soddisfare con le fittizie utilità.

Ti dicono nulla le "strategie del terrore"?
Immagina di essere il dittatore di uno Stato militare, ma che la Tua popolazione viva serena e che preferisca mettere fiori nelle armi anzichè munizioni.
Immagina che nel Tuo Stato non vi sia nulla da temere e che le armi non servano.
Che non serva, a questo punto, nemmeno una dittatura. Che non serva neanche un dittatore. Che non serva un'Autorità.

Cosa faresTi?

Non credi che sarebbe il caso d'impaurire un pochino questa banda di debosciati, figli dei fiori, che oltre al resto mettono in discussione il Tuo ruolo?

Che dici, gli spaventiamo?
Gli facciamo capire che le armi con i fiori non funzionano?

A cosa stai pensando? Vuoi organizzare un attentato?

Si crea un finto pericolo od un generico nemico e ci si proclama leader nella lotta contro di lui nel nome del bene comune e della salvezza pubblica.
Con questo operare il potere può quindi essere legittimato, ricercato, mantenuto: ci si accredita come unico difensore della stabilità e della pace.

Nulla di nuovo sotto il sole, più della metà dei Paesi del mondo si regge su tali stratagemmi.
Non vi è nessun nesso nuovo su cose note: ma Tu puoi permettertelo, sei un dittatore.

Supponiamo anche che io abbia dei "rancori" con una certa Nazione: potrei darle dimostrazione d'amicizia, tentando di disgregarla dall'interno.
Potrei considerare il popolo di questo paese non come "avversario" bensì come elemento di contrasto con la leadership della Patria a me invisa. Avvicinare il popolo (facendo leva sui "mali" fisiologicamente esistenti in qualsivoglia società e dando la sensazione di soddisfare le loro aspettative), screditare l'Autorità vigente appoggiandomi a questo mio elemento di contrasto ed infine, una volta preso il "comando", neutralizzare il popolo stesso.
Lo scopo finale della Persuasione è quello di definirsi pubblicamente come "Bene" e di individuare forzatamente un "Male", pericoloso e da eliminare.

Bisognerà costruire una realtà funzionale all'obiettivo e laddove manchi un reale avversario dovrà essere costruito "su misura" secondo le proprie esigenze.

E se la strada principale è già saldamente occupata da altri Persuasori, con interessi diversi e, perchè no, contrastanti?
Che faranno le altre lobbies di potere, gli altri apparati?

Un Macchinatore non si perde mai d'animo: ha pronte altre soluzioni.

La verità non verificabile, il miscuglio vero-falso, la deformazione del vero, la modifica del contesto, le verità selezionate, le parti diseguali vero-falso, ad esempio.

Si possono operare -sulle tipologie persuasive sopra menzionate- infinite manipolazioni aggiuntive, manipolazioni tali da rendere senza fine il panorama delle possibilità con cui attivare un processo convincente.
L'Agitatore potrà trasformarsi in un potenziale Persuaso, in "uno di noi", presentandosi come quello che meglio Ti capisce.
Assicurerà che è come Te, che vive il Tuo ambiente e parla la Tua lingua.

«Lo conosco. Ha tutta la mia stima».

Lei è l'esempio che il look è diventato un elemento importante in politica.

«Non ho cambiato né il mio modo di essere né di apparire. La gente si rivolge a me perché sono una persona tra le persone, ma mi propongo con temi concreti, parlando la loro lingua».

Che Paese vorrebbe offrire a suo figlio?

«Un Paese in cui non ci sono ogni giorno nuovi poveri, in cui può andare in giro per la strada senza correre rischi, in cui non è costretto ad andare all'estero per studiare e lavorare, o in cui non dovrà delocalizzare la propria azienda se deciderà di investire nel mio stesso settore».

Dichiarazioni di un candidato sulla stampa prima di una "competizione" elettorale: afferma di parlare "la loro lingua".

- Diffida di ciò in cui credi -

Quante volte ci si è sentiti dire, da un politico o da un dirigente aziendale, che è una persona con gli stessi identici nostri problemi (magari qualcuno in meno percependo stipendi da parecchie migliaia d'euro mensili)?

E, curiosità, dove fanno tali affermazioni?
Il politico in comizio, nella Tua piazza e fra la Tua gente.
Il dirigente nel Tuo posto di lavoro, fra i Tuoi colleghi.
Sottolineando magari che Tu, lui ed i colleghi "siete" l'azienda, salvo poi continuare a godersi tranquillamente ed individualmente i privilegi della sua categoria dirigenziale.

> *Gli slogan elettorali rappresentano un bell'esempio di quanto sopra affermato. Slogan come "Noi siamo il popolo" oppure "Cambiamo insieme" sono clichè diffusi, goffi stereotipi di come si riconducano (e vogliano farci ricondurre) allo spazio di un adesivo i propri ideali ed i propri valori. Di fatto gli slogan elettorali si circoscrivono ad un frasario composto da una decina d'elementi, spesso interscambiabili fra loro, cui parole chiave come "Nuovo", "Gente", "Popolo", "Valori", "Libertà", "Cambiamento", "Futuro", "Insieme", "Comune", "Paese", "Italia" sono le fondamenta.*
> *A creare gli slogan, manipolatori di professione.*
> *Parolai che desiderano far credere, aventi cadenza fissa ogni tornata elettorale, che solo i loro candidati sono in grado di sanare i mali che colpiscono questo o quello Stato.*

Le figure politiche sopra descritte, notalo, hanno tutte un doppio comportamento.
Uno è destinato alla "massa" e rappresenta la morale pubblica e le convenzioni da tutti accreditate, l'altro incarna il vero interesse: un qualcosa di cinico sempre realizzato con il sostegno della propaganda mediatica.

Il Persuasore potrà presentarsi altresì come "innovatore": alla "vecchia strada" tenterà di sostituirne una nuova, non ancora così chiaramente visibile ma maggiormente attuale, più ricca di prospettive, più "nuova" appunto.

In questo caso tenterà di vincere la sfida intrapresa identificandosi con la "via nuova" (tutti, nei campi più diversi, abbiamo sentito dire che il Tizio BETA, l'organizzazione GAMMA od il prodotto ZETA rappresentano il "nuovo").

Facendo ricorso ancora alla politica, quanti partiti hanno cambiato simbolo o denominazione per presentarsi come i soli innovatori?

I mass-media, in questo momento storico più che mai, hanno la possibilità di veicolare notizie ed immagini artefatte su scala planetaria.

Ne consegue che oggi il soggetto di tecniche persuasive è un pubblico "globale", considerato anche che quasi tutti i sistemi politici moderni tendono alla "democrazia" (perlomeno a "parole").

> *Tornando agli slogan politici, per il detentore della carica per cui si va ad elezioni sarà più complesso (anche se non impossibile) poter utilizzare nei suoi comizi termini riconducibili al "cambiamento".*
> *Ci si affiderà allora a vocaboli quali "esperienza", "tradizione", "consolidamento", "stabilità".*
> *Più trasparentemente potrebbero definirsi paladini dello status quo.*

La persuasione rivolta alla propria opinione pubblica è utilizzata per manipolare le leve del consenso in vista di un obiettivo.
La globalizzazione del mondo informatico tende anche a trasformare la persuasione "interna" di un paese in un qualcosa che deve necessariamente essere rivolto anche all'esterno.

Un attento Orditore sa perfettamente che valori emozionali, sensitivi, affettivi possono sembrare "intangibili" ma sono invece realtà ben concrete. Sono i pilastri della "certezza" di ognuno.

Se il Persuasore non conosce esattamente con chi sta parlando corre il rischio (non voluto) di proporre un vantaggio che può essere considerato irrilevante, di usare un linguaggio errato o di non avere affinità fra ciò che dice ed il mezzo con cui lo dice nonchè verso colui a cui lo sta dicendo.

Come anticipato, non è un buon Manipolatore neppure chi intende l'esperienza come ripetizione del noto.
L'esperienza ha un enorme valore ma va messa continuamente in discussione, deve servire a scoprire che cosa si può escogitare che sia nuovo e diverso.

Non è bene stilare una classifica fra le strategie che il Persuasore ritiene più valide. Il brutto anatroccolo, insegna la favola, può diventare un bellissimo cigno. Da qui la capacità d'adattamento che ogni Sofisticatore deve necessariamente possedere.
Il punto focale è sempre e solo il cambiamento desiderato e ricercato.
Nel corso della realizzazione della strategia di persuasione l'Applicatore terrà poi sempre le antenne alzate.
Un'idea, un'intuizione, può nascere da un qualsivoglia stimolo.
Un Persuasore saprà evitare la tentazione di utilizzare inutili tecnicismi nel suo linguaggio: l'obiettivo è immedesimarsi e farsi "approvare".
In questa situazione è indispensabile la "partecipazione attiva". La parte attiva corrisponde al processo di "accettazione".

Deve scrivere e dire ciò che il Persuaso pensa, e lo deve dire con parole che il Persuaso riconosca come proprie e che riconosca come propria "lingua" naturale.

Sfogliate un dizionario e fatevi un'idea sull'immensa mole di vocaboli presenti. Nel corso di una comunicazione statisticamente utilizziamo meno del 10% di tali termini. Inoltre, all'interno di questa già ridotta percentuale, solo un ulteriore 10% riconduce a termini d'uso comune mentre la parte restante comprende quelle parole che utilizziamo solo sporadicamente.
I termini d'uso comune sono definiti "parole calde".
Un consumato Persuasore è in grado di isolare e riconoscere le "parole calde" del proprio interlocutore, in pratica tutti quei vocaboli che l'interlocutore riconosce come propri ed appartenenti al proprio parlato. Utilizzando tale accorgimento, farà sentire la controparte come a "casa propria", libera d'esprimersi nel suo modo più naturale e spontaneo: entrerà in sintonia con la vittima, utilizzando la stessa "lunghezza d'onda", rendendo le difese di quest'ultima più facili da abbattere.

Deformare la realtà significa infatti trasformarla secondo i propri obiettivi ma anche secondo le attitudini dei destinatari finali, dei loro gusti e della loro cultura.

Per questo nell'elaborazione della persuasione un elemento fondamentale sarà quello di utilizzare termini fortemente connotati in grado di evocare un senso di famigliarità ed appartenenza.

Altra pratica consolidata è quella di ricorrere ad un "universo simbolico".

Un simbolo può diventare facilmente elemento catalizzante ed unificante per le masse.
Un simbolo può interferire sull'affettività degli individui.

Secondo Serghej Ciacotin slogan e simboli sono la sintesi estrema di programmi ed ideologie, al fine di banalizzare un concetto ad uso e consumo dell'opinione pubblica.

Viene da sè che l'utilizzo di parole chiave, slogan e simboli sia uno dei metodi migliori per divulgare messaggi propagandistici.

Il ripetere réclame sino "ad nauseam" -come un **martello**- per avvalorare scelte e stimolare senso d'appartenenza, magari da utilizzarsi all'interno di discorsi persuasivi mirati, è prassi nota.
Slogan e simboli diventano i punti fondanti di un ideale, i quali sono ripresi da valori affettivi noti e consolidati nelle folle.
Affettività che influenza la sfera irrazionale di ognuno di noi: ciò che "ci apprestiamo a credere" non è necessario sia compreso in modo oggettivo ed analitico dato che "andremo a credere" in conformità finanche a "spinte emotive" ed in modo del tutto inconscio.
Diamo un nome alle cose: la tecnica sopra descritta potrebbe essere definita "di somiglianza".
Ha genesi dal principio di riprova sociale per cui ci lasciamo guidare dagli altri perché supponiamo la loro condotta c'indichi qual è il comportamento giusto da tenere od il concetto da perseguire, affidandoci preferibilmente alla guida di una persona a noi simile piuttosto che ad una diversa.

Sintetizziamo quanto detto: "A parità di condizioni, parteggiamo per il nostro sesso, la nostra cultura, la nostra origine sociale, la nostra città od il nostro rione e vogliamo provare che noi siamo meglio "dell'altro"".

Ovviamente tutte le tecniche di persuasione sono soggette a verifiche in corso d'opera.

Il Persuasore si troverà a dover confrontare ciò che le persone "dicono" rispetto a quanto pensava avrebbero detto.

Anche le differenze nel modo di esprimersi, verificato a posteriori, possono essere significative ad indirizzare il Manipolatore per una più proficua continuazione della campagna d'influenza.

Ma ora fermiamoci nuovamente un attimo.

Rifletti.

Valuta le Tue opinioni dopo aver guardato la televisione, letto un giornale, un editoriale od un commento visto su internet.

Non Ti sembra che l'idea che hai letto/ascoltato sia giusta e condivisibile?
Ebbene, ogni individuo desidera che le proprie opinioni ed il proprio comportamento siano coerenti.

Ciò che percepiamo è in parte determinato dal nostro "pensiero" nel momento dell'osservazione.
I nostri desideri più intimi, le nostre "verità", passano attraverso il concetto di "esposizione selettiva".
Questo è un principio secondo il quale noi scegliamo le riviste che leggiamo piuttosto che i programmi televisivi guardati in modo tale che le nostre opinioni siano ampiamente confermate anziché infirmate.

Se individuiamo elementi contrastanti ci comportiamo in modo da ridurre tali discordanze, modificando le opinioni ed il comportamento.

Hai trovato un'opinione condivisibile?
Per caso, hai già cominciato a comportarTi di conseguenza?

Tutti noi siamo soggetti a tale processo. Prendiamo atto e diamo un valore aggiunto soprattutto a quelle informazioni che confermano i nostri "credi", mentre giungiamo ad ignorare circostanze che non reputiamo vere.
Continuando ad attribuire un nome alle cose, quanto sopra può essere descritto come "teoria della coerenza".

Della "teoria della coerenza" sono state elaborate svariate varianti. Una di queste, la "teoria della congruenza", ha classificato gli atteggiamenti di un individuo nei confronti di un altro secondo una preordinata scala di valori numerici, positivi e negativi. Se si percepisce un'incongruenza (per esempio se qualcuno che noi stimiamo non apprezza le stesse cose che noi apprezziamo) si cerca di ristabilire un equilibrio, assumendo "posizioni" ideologiche il più vicino possibile alle sue.

Un'altra tesi, delle "dissonanze cognitive", sottolinea le conseguenze di un processo decisionale.

> *Con il termine dissonanza, nel linguaggio ordinario, s'indica un agglomerato di suoni dall'effetto aspro e stridente. Nel nostro contesto, a stridere, saranno i "punti di vista".*

Dopo avere "preso" una decisione, il Persuaso può avvertire una dissonanza con quanto sentito alla televisione o letto sul giornale e cominciare a modificare le proprie cognizioni per ridurre tale dissonanza.

Cercherà di minimizzare lo scarto fra l'informazione acquisita ed il proprio bagaglio di cultura ed esperienza.
Non è pertanto solo la fase precedente alla decisione che ci vede come potenziali vittime, ma anche il passaggio successivo, quando l'individuo si trova a giustificare le opinioni a se stesso proprio mentre le dissonanze acquistano intensità.
Quando poi il processo d'identificazione con il giudizio "dissonante" risulta completato, quando il Persuaso ha giustificato alla sua persona il cambiamento di una propria convinzione, lo stesso Persuaso "ristruttura" i propri ricordi per adattarli alla nuova realtà.
Non sono rari i casi in cui, nelle più svariate circostanze, abbiamo udito i tipici "Ve l'avevo detto io!" d'individui che fino a poco prima avevano sostenuto una tesi completamente diversa, al solo scopo di prendersi "assonanze" che certamente non avevano.

In ugual modo -in politica e non- spesso i leader non solo mutano le proprie ideologie, ma anche il "ricordo" delle opinioni che in passato hanno avuto.

Al riguardo è interessante notare come esistano tentativi, anche fisici, di cancellare il passato per farlo credere diverso.

Parlando di web, per un famoso sito d'aste online, è prassi comune "cancellare" dai vari forum dei suoi utenti qualsivoglia intervento che parli delle truffe telematiche passate o presenti che lo hanno visto protagonista.

Il website in questione è accusato da più parti di non controllare a sufficienza l'affidabilità dei venditori presenti, favorendo in questo modo le truffe e -per di più- ricavandoci da queste dei profitti.

Eliminando tali interventi eliminerà anche la "memoria" storica del portale, dando lucentezza solo alle mirabolanti occasioni che si possono trovare.

Insomma, quella che in realtà è una città piena d'insidie viene rappresentata come lucente ed assolutamente sicura.

E ciò che viene rappresentato è, purtroppo, ciò che noi percepiremo.

Quindi attenzione ragazzi! Prima di aderire ad un'asta contattate il venditore, chiedete pure consigli nel forum (tanto eventuali risposte negative saranno debitamente cancellate!) perché una volta che i soldi sono usciti dal portafoglio non tornano più.

Il pericolo insito in questo comportamento è quello che, attraverso una "cancellazione" dei fatti, si possa arrivare a vere e proprie azioni di "ingegneria" storica che tendono a disegnare il passato in funzione degli obiettivi del presente.

Il possedere un gran numero di verità già confezionate da qualcun altro semplifica tuttavia non poco la difficoltà del vivere quotidiano.

Ignoriamo le cose che non ci convengono ed accettiamo di buon grado quelle che ci tornano comode.
Chi crede negli extraterrestri è possibile che li veda. Gli scienziati confermano le loro teorie. Non è difficile trovare prove a sostegno di ciò in cui si vuole credere.

- Diffida di ciò in cui credi -

Altro prototipo, purtroppo non piacevole ma calzante, può essere quello di una donna che viene normalmente picchiata dal proprio convivente.

Spesso (disgraziatamente quasi sempre) le destinatarie di violenza domestica non denunciano l'autore di tali gesti.

Perchè?

Perchè la vittima, per non avere "dissonanze" fra cosa cerca in una relazione sentimentale e cosa invece ha, tende a minimizzare gli abusi e le violenze subite. Propende a considerare tale comportamento come "normale" e facente parte di molte relazioni sentimentali.

Curiosamente, come sopra dimostrato, non ci adattiamo solo a condizionamenti definibili "positivi" (ad esempio il bisogno indotto d'utilizzare strumenti d'altissima tecnologia: non siamo in grado di fotografare senza l'ultima camera digitale!) ma anche a condizionamenti "negativi".

L'esempio della donna percossa dal proprio partner n'è prova lampante, ma successive dimostrazioni si hanno anche in tutta quella miriade di rapporti amorosi che producono (ad entrambi, ma più frequentemente solo ad una delle parti) esclusivamente sofferenza, rapporti senza i quali la persona che soffre crede di non poter vivere (vedasi i patimenti che, in un rapporto clandestino, può provare il lui o la lei nei momenti delle festività "comandate", quando l'"amante" deve stare con il compagno o la compagna "ufficiale").

Un comportamento automatico e stereotipato domina il nostro modo d'agire perchè è ritenuto efficiente in quanto ci troviamo tutti i giorni di fronte a numerosi stimoli da valutare singolarmente, e per risparmiare tempo ed energia allora si ricorre a scorciatoie "robotizzate".

Sneocdo uno sdtiuo dlel'Untisverià di Cadmbrige, non irmptoa cmoe snoo sctrite le plaroe, tutte le letetre posnsoo esesre al pstoo sbgalaito, è ipmtortane sloo che la prmia e l'umltia letrtea saino al ptoso gtsiuo, il rteso non ctona. Il cerlvelo è comquune semrpe in gdrao di decraifre tttuo qtueso coas, pcheré non lgege ongi silngoa ltetrea, ma lgege la palroa nel suo insmiee... vstio?

Spesso viene tirata in ballo "l'ingenuità" dei bambini, per la loro capacità di giudicare senza "imbarazzi" e con immediatezza. Non è detto che i giudizi siano migliori di quelli degli "adulti", ma è certo che i bambini sono dotati di una "saggezza" non ancora contaminata da comportamenti automatici e stereotipati.

I mezzi informativi saturano il nostro tempo libero ed il nostro interesse con le più variegate notizie (sport, varietà, gossip ed intrattenimento in primis).

Insomma, qualunque cosa purchè distragga dalle vicende finanziarie, politiche e da tutte quelle notizie ed informazioni considerate realmente "decisionali" e "di potere".

Nelle campagne elettorali tutti sono a chiederci il voto facendo proclami e promesse aventi alta risonanza; nessuno ci ha tuttavia mai chiesto di valutare assieme chi inserire nelle liste dei candidati e chi pensiamo possa avere i titoli per governarci degnamente.
Le candidature, il chi eleggere e dove, le considerano difatti "cosa loro".

Ci conformiamo. Automaticamente pensiamo che, se un determinato comportamento od una determinata opinione è seguito/a dalla maggioranza, allora è automaticamente "giusto/a".

Se durante un corso formativo profumatamente pagato il docente provvede a spegnere tutte le luci per illustrare il nuovo processo comunicativo "del buio totale", invitando successivamente i partecipanti ad esporre le proprie tesi, alla fine dell'"esperimento" è altamente probabile che i corsisti si dichiarino elettrizzati ed estasiati dalla lezione, in quanto hanno potuto esprimere le proprie impressioni senza imbarazzo ed ascoltato quelle altrui senza pregiudizi. Ma vi potrebbero essere innumerevoli "nuovi processi comunicativi": oltre a quello del "buio totale", "del senza tavoli e sedie", "del tenendosi per mano" e via inventando... E sono sicuro che la reazione sarebbe la medesima per tutte queste "tecniche".

Il conformismo può assumere aspetti gradevoli ed innocenti.

Spesso assume le sembianze di una persona attraente, di una modella in lingerie che si sdraia su un divano oppure la fisionomia di un personaggio famoso.

- Diffida di ciò in cui credi -

La Psicologia spiega che ognuno di noi tende a conformarsi seguendo le norme della famiglia e della comunità in cui vive come conseguenza della completa dipendenza dall'ambiente tipica dell'età infantile.

Aderire ai comportamenti adottati dalla maggioranza può essere anche indotto da "situazioni di comodo", da un seguire atteggiamenti diffusi che permettono di vivere con più serenità non assumendosi alcuna responsabilità di scelta.

Ulteriormente, qualora non sostengano una condotta predominante, alcuni temono di subire ritorsioni ("Fanno tutti così, quindi è corretto").

Riprendendo un discorso interrotto, allorché il Persuasore non disponga di sufficienti dati per elaborare una strategia abbiamo capito che non si affiderà certamente alla dea bendata.

Adotterà un messaggio atto a provocare il Persuaso, affinchè egli rifiuti, modifichi o trasformi gli stimoli proposti e sia "costretto" a dare una sua opinione sul come "vede il messaggio", vale a dire un proprio riscontro inconsapevole.

La vittima diventerà, senza averne coscienza, carnefice di se stessa.

Insomma, lo scopo di questo messaggio sarà quello di scatenare la creatività e l'emotività del Persuaso per portare all'"aguzzino" informazioni utili ad identificare vie strategiche di cui, prima, non aveva alcun elemento per la loro formulazione.

Il Mentalista dovrà a sua volta guardarsi attorno dagli altri Persuasori acciocché non modifichino il suo messaggio per interessi diversi. Svariate campagne pubblicitarie d'aziende contrapposte tendono e tenderanno a screditarsi l'una con l'altra.

Il Persuasore controllerà pertanto che non vi siano altri concorrenti che vogliano "impadronirsi" della Tua mente.

Non ha regole etiche, morali, legali e di "buon gusto": pensa esclusivamente al proprio tornaconto e non conosce i "sensi di colpa".

Entra senza invito in casa nostra, a pranzo, a cena e nei momenti di relax.
Pranzo, cena, relax.
Momenti di svago, come leggere un giornale, guardare la televisione o collegarsi alla Rete.

Alcuni, partendo da queste considerazioni, potrebbero pensare che il Persuaso sia fondamentalmente una persona che non sappia come utilizzare il proprio tempo libero e senza interessi. Senza molti giri di parole, potrebbero considerarlo un vero e proprio "perdigiorno" e che vada trattato come tale.

I Persuasori provetti, invece, premettono che egli è una persona intelligente, di cultura e sensibile agli agenti esterni. Nonostante tutto nessuno di noi può affermare con matematica certezza la validità della prima o della seconda tesi.

Ma ho buoni motivi per partire dalla seconda.
Questa seconda valutazione non è certamente meno efficace della prima e, sulla distanza, è indubbiamente meno rischiosa dato che mette il Sofisticatore in una posizione "più riparata" da eventuali errori di valutazione.

Nella seconda ipotesi il termine "intelligente" non è in ogni caso sinonimo di razionale: vi sono comportamenti e valori (vedi l'amore nei confronti di una persona) che possono apparire irrazionali, ma sta al Persuasore capirne il motivo e la natura.
Circa il buongusto poi, questo è considerato dal Persuasore come un qualcosa d'indefinibile.

"Giochiamo" ancora un istante.
Quando ascolTi con molta attenzione e partecipazione una persona, in qualsiasi situazione, lo fai perchè ritieni l'oratore credibile ed interessante?
Se la risposta è sì (e non ho motivi per ritenere valido il contrario), è perchè valuti la coerenza e l'attendibilità della

persona dando un valore aggiunto alle sue argomentazioni, anche le più banali.

Quanto spesso le soluzioni proposte dall'ultimo bistrattato impiegato sono state derise, mentre le stesse identiche -se espresse dal Chief Executive- sono state accolte con un'ovazione collettiva e come l'emblema supremo dell'arguzia?

Che dici?

Sei stato quell'ultimo bistrattato impiegato?

Pochi, quando si troverebbero a giustificare un mutamento del loro comportamento a se stessi, accetterebbero di farlo "a causa" Tua.

Più facilmente accettano che a modificare un loro comportamento sia una persona riconosciuta da tutti come "il capo".

Per far cambiare un atteggiamento od un'opinione bisogna perciò prima creare una reputazione positiva nei propri confronti che può iniziare dal valore della (anche solo presunta) coerenza.

Bisogna creare un sentimento di stima e d'autorevolezza esprimendo le opinioni in modo chiaro senza creare dissonanze con la visione di chi ci ascolta.

Quando necessario si deve saper fare appello anche alle emozioni, per incidere profondamente nell'inconscio.

Ma ora mi fermo, questi sono trucchi applicati dai Persuasori: e Tu non eri il Persuaso?

Nella comunicazione a quattro occhi alcuni Opinion Maker adotteranno la strategia dell'ascoltare, mostrando ampio interesse e profonda partecipazione ("Ti ascolto perchè ho stima di Te", "m'appassiona ascoltarTi").

Succederà quindi che chi parla, sentendosi ascoltato e valorizzato, sarà predisposto a migliorare il dialogo sia nella quantità sia nella qualità. Abbasserà "la guardia" e conseguentemente le proprie difese (quanti uomini prestano attenzione per intere serate alle problematiche di una donna, dando suggerimenti e dimostrando partecipazione emotiva? Il fine ultimo dell'ascolto è l'effettiva "volontà d'assistere" o qualcosa di più "terreno" con cui concludere la serata?).

Traduciamo il concetto sopra espresso: se desideri persuadere qualcuno puoi tranquillamente iniziare con l'ascoltarlo ed il sorridergli.

> *In ogni processo persuasivo è vivamente sconsigliato dimostrare fretta.*
> *La fretta riconduce al bisogno d'ottenere qualcosa celermente.*
> *Dimostrare bisogno tenderà a far alzare la soglia d'attenzione dell'interlocutore nei confronti del processo stesso.*

Senza una buona relazione con chi vogliamo o con cui dobbiamo "condividere" qualcosa, non si andrà molto lontano.

Occorre poi sfatare alcuni luoghi comuni, secondo i quali -a titolo di paragone- sembrerebbe giusto ritenere che una persona "bella" voglia essere apprezzata anche per altre doti. Invece è proprio alla sua "bellezza" che devono andare i nostri migliori apprezzamenti. Le persone non desiderano virtù che non hanno: desiderano una quantità maggiore di quelle che già sono in loro possesso. Importanza avranno anche il tono della voce, la mimica, la distanza fisica e la gestualità. Ma questa è materia della scienza "comunicativa", dell'arte oratoria.

La comunicazione verbale umana viaggia principalmente su due livelli: il contenuto esplicito (ciò che esplicitamente viene detto) ed il supporto gestuale. Sappiamo ormai con buona certezza che l'efficacia della comunicazione è a vantaggio del secondo livello e che, in caso d'incongruenza tra quanto esplicitamente detto e la gestualità paraverbale, l'umano darà più importanza al non verbale (dire esplicitamente "questo cibo è veramente

squisito" con un'espressione disgustata, vedrà come messaggio preminente quello che il cibo è pessimo).
Cercando di schematizzare, da una parte abbiamo il contenuto (espresso a "parole") e dall'altra la relazione (che si esprime in modo non verbale).

Quando la relazione comunicativa è buona non vi sono intoppi di sorta.

Ma se la relazione è tesa ed/od è in corso un conflitto, i segnali non verbali (tono, mimica, gestualità, distanza fra gli interlocutori) diventano importanti, prendendo il sopravvento nel processo comunicativo ed "inghiottendo" anche le informazioni sul piano del contenuto.
Sempre secondo Watzlawich, se un interlocutore "sente" la comunicazione tesa e "disagevole" alzerà delle barriere attivando quello che viene definito il "cervello rettile", ove le emozioni hanno la meglio sulla normale gestualità.
Un abile Persuasore riuscirà, in una comunicazione difficile come quella citata, a:

> collegare questa gestualità ai messaggi che l'hanno generata;

> verificare la congruenza del messaggio con la reazione gestuale;

> superare l'eventuale malinteso, spesso solo svantaggioso.

Questo, che potrebbe sembrare un procedimento alquanto elementare, in realtà è molto più complesso di quanto emerge dato che i segnali non verbali non sono sempre univoci.
Il sorriso può essere un segnale d'affetto e compiacimento ma anche d'imbarazzo e tensione. Stringere "i pugni" può essere un segno d'incoraggiamento, di forte motivazione ma anche di rabbia.
Così come le lacrime, che possono essere di gioia o di dolore.

Molte sono le qualità che un Agitatore deve possedere od, in modo meticoloso, apprendere.

Sono molteplici le abilità che il Persuasore deve "attivare" su di noi, abilità che necessitano di verifiche costanti per confermare (a se stesso ed agli altri) la propria attendibilità e per far crescere e maturare le relazioni che contano in un contesto sempre "orientato al risultato".
In un momento storico in cui le figure gerarchiche latitano, i valori sono labili ed in continuo cambiamento, è sempre più "richiesta" la capacità di coinvolgere gli altri e di creare gruppi di consenso.
I Persuasori sono figure indispensabili ai partiti politici, ai leader carismatici, alle sette religiose, alle aziende e non solo. Anche alle istituzioni.

Le tecniche di condizionamento delle menti sono usate principalmente dalle minoranze "colte" in modo da garantire alle stesse che la massa segua le linee guida come docili agnellini.

Costruendo e condizionando il consenso è possibile "superare" quanto costituzionalmente previsto sul diritto di voto. Vale a dire sull'essenza della democrazia.

Le persone, nell'andare a votare, si troveranno a scegliere fra una lista di persone che è già stata scelta da altri (da un ristretto numero di persone, i vertici politici): faranno ciò che gli è stato "condizionato" di fare (scelta condizionata da precedenti scelte, scelta "preconfezionata").

In questo particolare millennio, fatto principalmente di democrazie "compiute" e di una struttura sociale in cui l'individuo si sente (o crede di sentirsi) assolutamente libero, il Persuasore non applicherà più atteggiamenti oscurantisti e dittatoriali del "io vinco-Tu perdi".
In democrazia sarà tutto un "io vinco-Tu vinci". Tutti vinciamo.

Ma è davvero così?

- Diffida di ciò in cui credi -

Il Manipolatore crede nel messaggio "io vinco-Tu vinci"?

Adesso, sebbene non sia compito di questo libro dar indicazioni su come "difendersi" dai continui attacchi persuasivi di cui siamo vittima, auspico di far cosa gradita nell'anticipare -sommariamente- quali tipologie di Persuasori potremmo incontrare percorrendo questo intricato "bosco", bosco meraviglioso e spietato che allo stesso tempo potremmo chiamare "quotidianità".
Dopo aver tentato d'inquadrare alcune loro strategie di persuasione, vediamo dunque chi sono gli "applicatori".
Non volendo dilungarmi troppo, dirò subito che le tipologie di Persuasori che potremmo incontrare sono tendenzialmente tre, con l'aggiunta di un'ulteriore "particolare" categoria.

In suddetto bosco, la prima categoria che possiamo incontrare è quella dei Persuasori Faina: come le faine sono subdoli, preferiscono attaccare senza essere notati e senza avviso.
Sono estremamente competitivi e sfruttano senza etica qualsiasi strumento la "comunicazione persuasiva" metta loro a disposizione.
Vogliono il tutto e subito, il più velocemente possibile.
Per primeggiare non si pongono limite alcuno.

La seconda categoria è quella dei Persuasori Segugio: fiutano ogni opportunità e riconoscono la "traccia" utile per il proprio fine e, nel rispetto d'alcune convenzioni sociali, n'approfittano.
Il Segugio, riconoscendo una traccia ma osservando eventualmente che anche altri l'hanno "fiutata", non innescherà sanguinose competizioni (svantaggiose per tutti) ma seguirà la traccia assieme all'altro Segugio per trarne un guadagno reciproco.
Crea sinergie e "reti di potere".
Focalizza la sua attenzione affinchè la persuasione abbia lunga durata, anche se l'effetto non sarà immediato.

Attenzione però: come in un interminabile Carnevale si possono incontrare, quando meno Te lo aspetti, Faine travestite da Segugio.
Ed i casi non sono rari né sporadici.

La terza: il Persuasore Asino. Sono testardi, s'incaponiscono su strategie non corrette e non le adattano tempestivamente al mutare delle condizioni.
Generalmente creano disastri.
Per quanto scritto sino adesso, questa categoria non rientra nella nostra sfera d'interesse.

La categoria aggiunta: i Persuasori "in coppia" (due persone o due mass-media, ad esempio una specifica trasmissione politica televisiva ed un dato giornale). Il Gatto e la Volpe. Pur dando a vedere a tutti d'avere interessi contrastanti agiscono per un fine comune. Nei processi persuasivi mediatici, il Gatto e la Volpe ci fanno addentrare in un gioco "truccato".
Tornando alla politica, in periodo elettorale due partiti "opposti" potrebbero diffamare reciprocamente il rispettivo programma, salvo poi avere "in tasca" un'intesa per il dopo elezioni.
L'importante è che la gente vada a votare, per legittimare il processo elettivo e le successive scelte effettuate dai due partiti.

Per terminare ecco alcuni consigli spiccioli, un breve manuale da "giovane marmotta", per sopravvivere in quest'affollata selva.

Verifica attentamente le apparenze.
Molte persone danno eccessiva importanza alle esteriorità.
In particolare i politici e le aziende si attivano alacremente per gestire la loro immagine, cercano di mettersi sotto la luce migliore, dalla parte del profilo "più fotogenico".

Lo fanno perchè anche Tu hai più fiducia di chi è "bello" e "piacevole".

I leader si vestono bene.
Le imprese spendono fortune per le loro fastose sedi di rappresentanza.
L'equazione matematica "bellezza" uguale a "credibilità" fa in modo che Tu attribuisca immediatamente ed inconsciamente caratteristiche positive a persone di bell'aspetto.
Questa correlazione si rivela sempre al momento di scegliere un'azienda piuttosto che un'altra od al momento di votare un candidato piuttosto che un suo avversario.

Abbellire l'oggettività, renderla più gradevole, mostrare aspetti poco visibili od inesistenti è prassi comune per "portare" le cose a proprio vantaggio.

Apri un giornale d'annunci immobiliari: leggi di un "meraviglioso appartamento recentemente ristrutturato e comodo al trasporto pubblico"?
Vai ora a vederlo, fisicamente. Cosa? Non pensavi che l'ultima ristrutturazione fosse dovuta al fatto che a cinque metri dal portone d'ingresso vi fossero i binari del treno Eurostar?

Una delusione, ma non importa.
Vai a rilassarTi al ristorante, magari ordinando quelle "deliziose pennette al grano saraceno in un trionfo di sapori dell'adriatico in un letto di verdurine fresche".
Deluso da una semplice pasta ai frutti di mare con della lattuga?
Ricorda eziandio che molti Persuasori si fingono forti se sono deboli e deboli se sono forti. Questa tecnica, già citata da Sun Tzu nel celeberrimo libro "L'arte della guerra", farà apparire forti le loro debolezze e deboli i punti di forza.

Un consiglio: valuta solo i fatti.
Trovali, verificali.
I fatti si possono riscontrare, le apparenze si possono ignorare.
Assoda sempre ciò che i mass-media (od i Tuoi interlocutori) hanno detto ieri con quello che affermano oggi.

- Diffida di ciò in cui credi -

Verifica l'attendibilità delle fonti, soprattutto quando queste si arrogano il diritto/dovere di farsi portavoce di verità che difficilmente possono essere accertate.

Diffida, sempre, delle seguenti parole, sia mentre leggi, sia mentre le ascolTi: "tutto", "niente", "mai", "solo", "sempre", "totalmente" e tutti i loro sinonimi.
Sono vocaboli che indicano una generalizzazione universale.

Quando qualcuno utilizza tali parole chiediTi se è assolutamente vero che non vi siano eccezioni.
Se sai che esistono eccezioni, significa che la fonte emittente non è attendibile.

Il Persuasore fa spesso generalizzazioni.
Desidera persuaderTi facendoTi pensare che qualcosa è un "dato di fatto", quando invece si tratta di un'estensione discutibile.

Come dice il truismo, "ci sono bugie, grosse bugie e le statistiche".

Sulle statistiche è curioso mostrare come -magari su venti o trenta sondaggi commissionati- siano resi noti ed amplificati solo quelli (o solo quello) con i risultati "più vicini" a quanto gli Orditori intendono affermare.
I Persuasori creeranno testimonianze, documenti, fonti a sostegno delle proprie tesi.
Ancora una volta non è importante che siano reali e verificabili, quanto piuttosto efficaci ed utili ad incidere sull'opinione del "pubblico" di riferimento.

Ai giorni nostri la congiuntura economica mondiale, le ottimizzazioni aziendali nonché i vari processi di razionalizzazione producono una vera e propria "sparizione" di posti di lavoro, in maggior misura negli Stati con normative relativamente "rigide" in tema di diritti e sicurezza del lavoro.

Una "sparizione" che -da alcuni governi- viene cercato di non "far credere esistere" con l'istituzione di contratti di lavoro atipici (denominati con acronimi incomprensibili) e flessibili.

E, laddove anche la flessibilità non serva a nascondere "sotto il tappeto" la polvere della scomparsa d'occupazione, vengono coniati termini nuovi di zecca, quali "occupabilità". Una persona non sarà "disoccupata", ma "occupabile", con buona pace di tutti noi.

Insomma, termini ingannevoli che servono a dipingere una realtà che non esiste.

Il truismo evidenzia come un termine spesso sia utilizzato per "spacciare" per "oggettivi" dati che in realtà sono opinioni, specialmente in ambito retorico (e sappiamo che la nostra psiche è strutturata in modo da credere solo a ciò che conviene credere od a quello che è più conforme alle nostre idee).

Se un sito web, un giornale od una televisione sono "sponsorizzati" da un partito politico, da un'azienda, da un'organizzazione o da qualsiasi lobby di potere ma nascondono tale sponsorizzazione, allora le notizie da loro edite non sono attendibili.

Queste notizie non sono inaffidabili perchè quello che dicono è falso, ma perchè non "avvisano" l'interlocutore del loro punto di vista originario.

Arrivati sin qui, potrei e dovrei farTi i miei più sinceri complimenti perché stai ancora leggendo queste righe.

Ma questi complimenti, vedi un pò, potrebbero essere apprezzamenti positivi da parte di qualcuno che vuole qualcosa da Te.

È stato dimostrato che tutti noi abbiamo una reazione positiva ed automatica alle lusinghe, e che possiamo in modo facile essere vittima di chi se ne serva, neanche tanto velatamente, per ottenere il "nostro favore".

Questo processo, tuttavia, andrebbe maggiormente approfondito e dettagliato. A tal proposito è interessante rilevare come, in particolari contesti, il compiacimento del superiore relativo ad un lavoro svolto da un collaboratore possa essere giudicato un atto di presunzione, rafforzativo della posizione gerarchica.
Se un "potente" dell'epoca avesse detto a Michelangelo "Bravo Michelangelo, lo sa che ha dipinto proprio una bella Cappella", riferendosi alla Cappella Sistina, ho i miei seri dubbi che Michelangelo avrebbe apprezzato il complimento.
Un apprezzamento, in linea di massima, deve essere espresso in modo da mantenere le giuste "distanze": "Michelangelo, trovo splendido il suo modo di affrescare!"

Sempre se stai continuando a leggere, avendo deciso di non farTi alcun complimento, spero almeno che questo libro sia stato utile ad apprendere qualcosa assieme.

Apprendere assieme?

L'apprendimento "assieme" è un antidoto alla competizione ed ad alcune forme di rivalità, in quanto crea fidelizzazione della persona nei confronti del promotore dei vari momenti d'aggregazione formativa.

I professionisti della persuasione conoscono queste situazioni e creano occasioni per sfruttarle.
Ti dicono nulla le convention di questo o quel partito o di questa o quell'organizzazione?

Ti rivelano nulla i corsi aziendali a cui, quando serve (o forse -in modo maggiormente veritiero- quando il tuo filo-aziendalismo comincia ad essere più flebile) Ti fanno partecipare?

Ti simboleggiano nulla i raduni religiosi?

Il coinvolgere persone in "grandi eventi" è un must delle strategie persuasive.
Coinvolge la necessità delle persone di sentirsi parte di un "qualcosa", esaltandosi collettivamente.
Far parte di un gruppo deresponsabilizza (delegando ad altri l'onere di prendere decisioni) e dà la sensazione di una "riprova sociale" condivisa.

Normalmente è proprio la manifestazione d'esaltazione collettiva di un gruppo che impedisce al dissenso di palesarsi, anche qualora questo fosse maggioritario rispetto al consenso (in senso figurato: fa più rumore un solo albero che cade rispetto ad un intero bosco che cresce).

Elementi immancabili di questi grandi eventi sono: la massima spettacolarizzazione, la massima visibilità, la massima affluenza di pubblico e/o audience.

Vabbè, dopo tanto leggere e dopo tante riflessioni che spero Tu abbia fatto o stia facendo, è giunto il momento di andare a mangiare qualcosa.
Chiudi il libro e riaprilo solo dopo esserTi adeguatamente rifocillato.

Gregory Razran negli anni '30 definiva quanto Ti ho proposto la "tecnica dello spuntino".
Questo psicologo ha dimostrato che tutti i soggetti sono più predisposti "alle persone ed alle cose" mentre stanno mangiando.

Presentando delle affermazioni politiche (assolutamente identiche) prima e dopo "uno spuntino" si è notato che quelle esposte dopo o durante la somministrazione di cibo erano giudicate meglio anche se i soggetti non ricordavano neppure quali fossero.

Razran ha dedotto che se le reazioni normali al cibo sono quelle di una generalizzata piacevolezza, le stesse si possono trasferire ad altre cose attraverso il processo associativo.

È possibile quindi stimolare una reazione positiva associandola al buon cibo.
Insomma tutti gli uomini, con la pancia piena, sono più "disponibili".
Hai mai notato quanti coffe break sono inseriti nelle riunioni di lavoro, durante una trattativa, durante una presentazione?
Che cosa mi stai dicendo? Che sei appena tornato da un banchetto promozionale di un esclusivo prodotto ma che non vi era rimasto nulla da mangiare?
Che la scarsità dei viveri Ti ha lasciato l'acquolina in bocca per quel particolare "stuzzichino" di prosciutto San Daniele che non sei riuscito ad assaporare?

Il principio di scarsità indica che le "cose" ci appaiono più desiderabili quando la loro disponibilità è limitata.

La forza di questo principio risiede in due elementi.
Primo elemento: la nostra inclinazione per le scorciatoie, sapendo che le cose difficili da possedere sono generalmente migliori di quelle a cui si accede con facilità.
Secondo: man mano che la disponibilità si restringe, si perde un "tot" di margine di libertà d'azione dovendo restringere il campo della scelta.
E perdere una libertà di cui siamo in possesso è qualcosa che mal sopportiamo.
Quando ci viene eliminata la possibilità di avere una certa cosa (in questo caso il prosciutto San Daniele), la desideriamo di più, ma non ci accorgiamo che è una mera risposta alla limitazione che ci viene imposta a causare questo ingiustificato aumento del desiderio: sappiamo solo che vogliamo quella cosa.

Ma ora fai ritorno alla teoria delle dissonanze che trovi qualche pagina addietro: avendo bisogno di giustificare questo nostro desiderio (in primis a noi stessi) cominciamo ad attribuire qualità positive alla cosa desiderata.
Ti dicono nulla le serie limitate -le limited edition- di quell'orologio o di quel particolare telefonino?

Il principo di scarsità vale anche per le informazioni.

Se solo in poche persone sanno cos'è accaduto a quel Tuo collega che ultimamente vedi raggiante o sfoggiare un'incomprensibile ricchezza, se solo in pochi sanno se quella Tua collega ha o no una relazione extraconiugale con il capoufficio, molto spesso farai di tutto per venire a conoscenza anche Tu di quelle "informazioni scarse".

Emotivamente, fisicamente e/o sentimentalmente troviamo attraente ed interessante "chi o cosa" generalmente non possiamo "avere".

E se un'informazione -che solo una nicchia d'eletti conosce- fosse considerata troppo "pericolosa" per circolare liberamente, che succede?
Quando si parla di censura, pensiamo quasi sempre a divieti sulla diffusione di materiale a contenuto politico, sessuale o segreti di Stato.
Ma vi può essere un tipo di censura, utilizzata ad arte, definita "a posteriori".
La censura a posteriori conferisce maggior peso e valore all'informazione messa al bando.
La legittima, anche se l'informazione è totalmente fasulla.

Mentre tutti noi rincorriamo ingenuamente -vittime del principio di scarsità- quanto nascosto dalla censura, il Persuasore -come i prestidigitatori- sta facendo i suoi interessi "da un'altra parte" senza occhi indiscreti addosso.
Distoglie l'interesse da dove sta il vero interesse.

La "notizia smentita", analogamente, genera confusione e facilita la costruzione ad hoc di successive verità.

Seguitiamo.

Principalmente in America, le associazioni di beneficenza che desiderano ottenere sovvenzioni telefoniche iniziano le telefonate con delle domande sullo stato di salute dell'interlocutore.

La risposta che cercano di ottenere al loro "Buongiorno, come sta?" è "bene, grazie", per persuadere l'intervistato ad aiutare persone che non se la passano altrettanto bene.
Vogliono indurre a sentirsi a disagio nel momento in cui non si fanno donazioni, dopo aver detto di "stare bene".
Questa è conosciuta come "tecnica del senso di colpa", usata specialmente nei casi in cui vi siano legami affettivi o situazioni compassionevoli.
L'alleato del Persuasore è dentro la testa del soggetto "bersaglio", è il "senso di colpa" che induce l'individuo a compiere un'azione per liberarsi del peso delle proprie cattive azioni o della propria condizione di privilegio.
Una madre che dice al figlio di non fare una certa cosa perchè altrimenti la farà soffrire è una fortissima forma di persuasione.

Ad una persona che si offre -seppur in modo non richiesto, appena hai terminato di caricare la spesa settimanale sul bagagliaio della Tua autovettura- per riportare il carrello del supermercato al punto di raccolta (magari lontano solo qualche metro), Ti sentirai in obbligo di ricambiare la gentilezza (dando qualche spicciolo o lasciandoli la cauzione del carrello) sebbene la stessa gentilezza non sia stata richiesta (principio di reciprocità).

Molti di noi, come forma di resistenza a questi meccanismi caratteristici delle grandi città (vedi i lavavetri al semaforo, i venditori di rose nei locali, i gazebo in piazza di questa o quell'associazione benefica) tenderanno a sviluppare una forma di distacco dal "circostante" (ascoltando musica con le cuffie per isolarsi, fingendo conversazioni inesistenti al cellulare, sostenendo d'essere in ritardo ad un importantissimo appuntamento, stando "in silenzio" oppure cambiando radicalmente strada), distacco che -se abitudine consolidata e protratta a lungo- porta ad una vera e propria alienazione (non è raro incontrare sempre più persone che confabulano, mentre camminano, fra sé e sé).

Diventiamo tristi, con una sensazione di vuoto spirituale e sociale (troverai la medesima frase anche alla fine del libro).

Ok, ho capito, siamo persone fortunate.

Non soffriamo la fame e di fronte a certe situazioni di salute, nel corso della telefonata di cui parlavamo, abbiamo ritenuto corretto fare una piccola donazione di denaro.
Su questi argomenti nessuno ha eticamente nulla da ridire.
Ma dopo qualche tempo il gruppo di volontariato ritelefona chiedendo un altro piccolo versamento: molti di noi acconsentiranno nuovamente.
Perché?

La prima donazione ha, di fatto, modificato l'immagine che le persone hanno di sè.
Dopo l'iniziale donazione, molti agiranno conformemente alla nuova immagine percepita, immagine che sarà quella di persone attente a determinate problematiche sociali.
Questo viene comunemente chiamato principio "del piede nella porta".

Altro esempio potrebbe consistere nell'invito "a bere qualcosa" rivolto da un ragazzo ad una ragazza.
Accettando l'invito posto con questa terminologia, la nostra invitata -considerato che non si è "tirata in ballo" alcuna tematica sessuale o sconveniente- percepirà di non commettere nulla di scabroso o sbagliato.

Nel divenire della serata, però, protetti magari dall'intimità di un romantico locale o di una particolare atmosfera, l'invitata si sentirà d'accettare avances anche meno soft, percependo che se ha accettato l'invito ed ora si trova in questa particolare situazione, deve necessariamente provare un interesse nei nostri confronti.

In un ramo di mio particolare interesse nel passato ho avuto modo di approfondire e di veder applicata più e più volte anche la tecnica denominata "la porta in faccia".
Questa consiste nel formulare richieste di notevole importanza e "peso" nonché particolarmente dispendiose in termini di denaro od energie.

- Diffida di ciò in cui credi -

Presumibilmente a richieste del genere fa seguito una risposta della controparte che prevede l'impossibilità di dar luogo a quanto domandato.
Da qui il meccanismo: si accetta il rifiuto e, forti di un primo diniego, si abbassa la richiesta sino al punto in origine prefissato, rimarcando di aver già fatto una faticosa rinuncia e di essere impossibilitati ad accogliere un nuovo rifiuto.

Sempre dall'America arrivano anche tutte quelle aziende che adottano i cosiddetti "multilevel marketing".

Sei mai stato presso un Tuo conoscente per una dimostrazione di una nota marca di pentole?
Una Tua amica Ti ha mai illustrato i benefici di un'etichetta di cosmetici?
Tutti, denominatore comune, cercheranno alla fine di venderTi qualcosa: questi incontri sono una sorta di "concentrato" (sovente inconsapevole) di tecniche persuasive.

Stressati da una conscia od inconscia resistenza che poniamo in essere a fronte di tutti questi principi di vendita potremmo iniziare ad avere il "fiato corto", potremmo iniziare ad essere stanchi.

Sorpreso se Ti annunciassi che vi è anche una metodologia per sfruttare a loro vantaggio questa stanchezza?

Molti di noi, dopo aver vissuto (anche se solo per pochi minuti o poche ore) una situazione percepita come di "disagio", una situazione che ci porti ripetutamente a rispondere negativamente a svariate richieste predisponendo implicite od esplicite scuse per tali negazioni (anche nei confronti di persone "di fiducia"), vedranno nella "resa" una forma di rientro verso una situazione più normale, una forma di sollievo dal malessere.
Un porre termine alla propria tensione emotiva, spostando il peso della comunicazione sulle spalle di chi ci condiziona.
L'acquisto della batteria di pentole mostrataci, dopo aver fatto strenua resistenza, porrà (o sembrerà porre) sulle spalle del condizionante il fatto di dover venderci un buon

prodotto. Insomma, noi abbiamo fatto la nostra parte, ora tocca al venditore.

Ma qual è il dato oggettivo?
Hai comprato delle pentole per cucinare a vapore e non sai cosa farTene?

Menzione a parte meritano alcuni criteri utilizzati nel proselitismo religioso, dai vari gruppi e dalle varie sette.
Se nella scienza negare l'esistenza di un qualsiasi dubbio sarebbe come negare l'origine della scienza stessa (che sui dubbi, sulle domande irrisolte è progredita), in un contesto religioso il dubbio è sempre "peccato".

Aderire ad una religione richiede un "atto di fede" totale, il non porsi dilemma alcuno nemmeno su contraddizioni scientificamente inspiegabili.

L'adepto convinto troverà facile utilizzare la scorciatoia della religione per dare giustificazioni plausibili a tutto ciò che plausibile non è, attaccandosi sempre più saldamente al gruppo cui affida tutte le responsabilità.

Ma come ci avvicinano i missionari di questa o quella religione?

Le modalità non hanno eccezioni molto diverse da religione a religione, e sono molto simili.
Riprendendo il criterio di somiglianza in precedenza illustrato, i predicatori s'identificheranno con i problemi e con le insicurezze manifestate dalla potenziale vittima.
Una volta raggiunta questa posizione di somiglianza, all'"incalzato" vengono riservate intense attenzioni, grande affetto ed il conforto fornito è ampio.
Il nuovo seguace, per ricevere tali premure, sarà necessariamente portato a trascorrere una gran parte del suo tempo con il nuovo gruppo.
Si creeranno quindi legami emotivi forti, accettati volontariamente.

EccoTi quindi aderente a questo od a quel gruppo spirituale.

Nel tempo si porrà il problema di "trattenere" e fidelizzare il "nuovo acquisto" all'interno della "congrega".
Per soddisfare quest'esigenza esistono tecniche ben precise (ad esempio mantenere alta l'insicurezza della persona) ma questa sarà materia della prossima pubblicazione.

La maggior parte dei meccanismi coercitivi sin qui descritti sono accomunati tuttavia da una caratteristica: la ripetitività.

Ripetere "a voce alta" oppure mentalmente un nome od un numero è tecnica nota a chi vuol ricordare un nome od un numero.

Le frasi ossessive, la ripetizione di una richiesta, la visualizzazione plurima di uno spot "entrano nelle nostre teste", s'insinuano nella memoria e riemergono condizionando i nostri comportamenti in modo subdolo ed inconscio.

I principi richiamati sono un'attendibile indicazione su ciò che Tu implicitamente valuterai per esprimere a qualsivoglia persona un sì od un no.

Servono ad orientare una Tua risposta, verso un'opinione favorevole oppure sfavorevole.

Servono a persuaderTi.

Il loro uso è tanto più probabile quanto più siamo in condizioni di fretta, di caos, stress, incertezza, affaticamento, molteplicità d'impegni, condizioni che ci fanno valutare solo superficialmente i messaggi che riceviamo.

E, come abbiamo iniziato, terminiamo.

Con un esercizio.

Scegli rapidamente una carta da gioco fra le sei seguenti e memorizzala.

Nella pagina finale del libro (pag. 128) è stata tolta una carta dalle sei qui sotto. Verifica se la carta da Te prescelta è presente nella pagina conclusiva e torna prontamente a questo punto della lettura.

Cosa dici? Sono riuscito a togliere proprio la carta che avevi individuato?

Come facevo a conoscere la carta selezionata in modo da poterla rimuovere?

Il fatto che la nostra quotidianità sia satura di messaggi comunicativi consiglia erroneamente d'utilizzare schemi fissi d'azione.

Messaggi comunicativi che anche la rapida ed incessante evoluzione della tecnica tende a "sfornare" in quantità sino ad ieri inimmaginabili, saturando ulteriormente quanto già messo a disposizione dai media "tradizionali".

L'evoluzione della tecnica risulta anche più solerte della nostra naturale capacità di elaborare le informazioni, pertanto rischiamo di non saper gestire correttamente questo sovraccarico di notizie, di scelte e di novità della vita moderna.

Come animali primordiali, dotati di una "mente" non sufficientemente attrezzata a far fronte a tutto l'ambiente circostante, spaventosamente ricco ed intricato.

Il ritmo sempre più veloce e frenetico dell'esistenza ci costringe a celeri e continui "cambi d'idea", stressandoci eccessivamente.

Centinaia di migliaia sono i messaggi "immessi" nel nostro cervello giornalmente, in un ambiente comunicativo carico di violenza.
Questo eccesso comunicativo, può sembrare assurdo, anzichè favorire una "piena" socializzazione ci ha reso persone sole, isolate, "fintamente" comunicative: un eccesso d'informazioni e di canali trasmissivi che si trasforma in "non-comunicazione".
Come una luce troppo intensa che rende ciechi.

Siffatto processo logico ci permette d'addentrarci anche in un'altra strategia di condizionamento: la cosiddetta "inondazione d'informazioni".

Qualora fosse richiesto ad un Persuasore d'illustrare una determinata opinione (che non voglia rivelare nei suoi dettagli) piuttosto che rivolgergli una domanda a cui non voglia dar risposta, tecnica efficace per replicare di persona avvezza alla persuasione è quella di fornire una risposta od una spiegazione che "dice" tanto, troppo.

Sarà fornita a riscontro una quantità d'informazioni tale da distogliere l'attenzione dalla conduzione della comunicazione.
Sinteticamente, se chiediamo alla persona Y di confessarci una determinata azione, Y potrà sconfessare tale operato semplicemente confessando più di quanto richiesto o svelando nuove azioni svolte nel medesimo momento, aggiungendo una quantità assurda d'informazioni (che possono essere anch'esse -se voluto- assurde).

Spesso bastano molte "voci", molti "rumors", molte leggende per generare risposte tali da spingere l'opinione pubblica ad avvalorare, con il proprio comportamento, una realtà fittizia.

Anche la Rete, internet (che alcuni definiscono il luogo dell'informazione "totale"), può accentuare un'ubriacatura informativa proprio perché tutto è disponibile ma -in molti casi- non verificabile.

Un non-luogo ove, se non si hanno a disposizione "bussole informatiche" collaudate, ci si può perdere fra informazioni vere, finte informazioni, informazioni verosimili e molto altro, partecipando di fatto all'intossicazione della realtà.

Siamo individui eccessivamente competitivi che distruggono i loro legami sociali (quante persone rinunciano ad uscire per collegarsi ad internet? Quanti "chiedono l'amicizia" in Facebook piuttosto che in situazioni reali?) anche a causa della manipolazione e della persuasione.

Diventiamo tristi, con una sensazione di vuoto spirituale e sociale.

I Persuasori allora decideranno per noi, assicurandoci che la loro "idea" ci renderà nuovamente felici e spensierati.

Ho scritto più volte il termine "internet".
I nuovi mass-media elettronici consentono un approccio diretto con le popolazioni offrendo un'enorme possibilità di creare informazioni "fasulle", da fonti non verificabili oppure

sotto mentite spoglie (vedi forum, chats, gruppi di discussione).

Possono presentare anche loro proprie verità, raccontando fatti di cui i Mentalisti ci hanno fornito a priori -creandole e modellandole sulle nostre aspettative- le chiavi interpretative.

Poco sopra ho riportato poi il vocabolo "triste" nonchè l'espressione "vuoto spirituale".
Un breve accenno meritano quindi i "danni" che i processi persuasivi possono recare alle persone su cui sono "utilizzati".

E' facilmente intuibile quello che i processi estremamente coercitivi e percepibili (tortura, minacce e via dicendo) possono provocare, iniziando dai danni fisici per terminare con gravi danni emotivi e stati d'ansia.

Come sappiamo questa non è la nostra sfera d'interesse.

Meno noto è ciò che causa la persuasione cosiddetta "dolce", "indolore", subdola.
Essa è causa di molteplici e variegati effetti, non espressamente catalogabili.

Infatti una persona può essere felice per aver aderito a questa o quella setta religiosa pur avendo dilapidato ogni suo risparmio per sostenerla.

Così come l'aver votato un determinato personaggio politico può renderci orgogliosi, pur non ravvisando alcun miglioramento in merito all'atteso.

Possiamo essere contenti per aver acquistato una potentissima automobile fuoristrada, abitando in città, non sapendo dove parcheggiarla e con un finanziamento a tasso zero (ma sarà veramente a tasso zero?) che ci accompagnerà per i prossimi dieci anni.

Guardiamo sempre gli stessi programmi televisivi, che diciamo agli amici di non guardare e che sappiamo "costruiti", pur disprezzandoli pubblicamente.

Il danno, quindi, non è valutabile.

"Lesioni" che hanno genesi da una nostra valutazione etica, che a sua volta è frutto dei condizionamenti che subiamo e quindi oggettivamente non valida.

Una chiusura questa, che ci riporta inevitabilmente all'inizio di questo volume.

Da qui il titolo del libro: "Diffida di ciò in cui credi. Non credere a quello che ascolTi, senTi, vedi o leggi".

DIALOGO (CONCLUSIVO)

Riporto testualmente il dialogo intercorso con mia moglie Daniela negli ultimi momenti di stesura del libro.

- "Patrizio, hai terminato di scrivere il libro? Sono curiosa…"
- "Mancano i ringraziamenti, Daniela, ma il più è fatto. Spero sia utile"
- "Sicuramente ci divertiremo a leggerlo, il titolo è curioso"
- "Certo, un nuovo libro è sempre una scoperta, non trovi?"
- "Questa è un'ottima domanda, paragonare il libro ad una scoperta. Diciamo che un nuovo libro è una nuova città da visitare, oppure la stessa città osservata da un punto di vista diverso…"
- "E se a chi leggerà il libro non piacerà?"
- "…comprerà un altro libro, magari un titolo commerciale, magari un romanzo"
- "Un altro libro allora…"
- "Una nuova scoperta, una nuova città da visitare…"
- "Che città vorresTi visitare ora?"
- "Avrei solo l'imbarazzo della scelta! Vorrei tornare a Londra, rivedere New York od osservare la città in cui viviamo con occhi diversi"
- "Bene, vada per l'ultima opzione"
- "Perfetto, sono d'accordo"
- "La persuasione però rende spesso difficile capire le parti: ad esempio, chi sta parlando ora, chi è d'accordo con chi?"
- "Persuaso o Persuasore?"
- "A Te la scelta".

- Diffida di ciò in cui credi -

**LA TUA VITA E' CIO' CHE PENSI TU SIA:
ALLORA PENSALA DIVERSAMENTE ED ESSA CAMBIERÀ!**

Non ho saputo resistere, con l'affermazione fatta nella pagina precedente, alla tentazione di un'ultima persuasione.

Ti ho in qualche modo "illuso" che la Tua vita abbia qualcosa che vada assolutamente cambiato, quando può essere esattamente vero il contrario.

Avrei quindi potuto continuare la frase senza avvertirTi di nulla, indicando magari un nuovo modo di pensare che certamente avrebbe risolto ogni Tuo problema (ed ognuno di noi, chi "grandi" chi "piccoli", ha dei problemi).

Dopo aver accuratamente espresso questo "nuovo pensiero", migliorativo per la Tua vita, avresTi avuto la sensazione di aver raggiunto liberamente e spontaneamente le tesi da me illustrate. Potrei essermi posto nelle vesti di "guru" illuminato, di "santone" da seguire.

Infatti, se stai leggendo, conosco già alcuni aspetti della Tua personalità:

> hai bisogno d'altre persone che Ti apprezzino anche se sai essere critico con Te stesso;

> possiedi ragguardevoli capacità non sfruttate;

> a volte il Tuo autocontrollo esteriore nasconde ansia ed incertezza interiore;

> in certe occasioni sei estroverso e socievole mentre in cert'altre sei prudente e riservato;

> Ti senti insoddisfatto quando sei limitato da restrizioni;

> sei appagato del Tuo modo di pensare, in quanto lo ritieni "indipendente";

> spesso ritieni imprudente rivelarTi agli altri.

Ricorda che l'accettazione e la valutazione delle affermazioni dipendono solo da Te, non da un programma televisivo, dal consiglio di un conoscente, da un articolo di giornale o da una pubblicità.

Dipendono solo da Te.

Molti investono parecchi denari in conferenze, studi e libri per l'"automotivazione", conferenze, studi e libri creati da persone cui l'unico successo è stato quello di farsi credere persone di successo, spillando dei soldi al "credulone" di turno.

In alcune occasioni ho ripreso il concetto che, da soggetti passivi, possiamo diventare soggetti attivi del processo di condizionamento.

Ma non solo questo è possibile.

Possiamo anche sfruttarlo a nostro vantaggio, per i nostri scopi.

Conoscere, difendere, attaccare.
Basterà assimilare una serie di nozioni che permetteranno di dar vita ai verbi sopra menzionati.

La Tua esistenza non è pessima o bellissima per cause ignote: è quello che Tu la fai essere.
E, se affermi che è "impossibile cambiarla", sarà veramente impossibile modificarla.
La motivazione di quest'impossibilità sta proprio in una regola ed in un diktat che Tu hai stabilito per Te stesso.

Tu e nessun altro.

Come scrivevo, esiste un solo modo per prevedere il Tuo futuro.
Inventarlo.

O ne sei consapevole o non lo sei.

- Diffida di ciò in cui credi -

Per terminare: in tutto il libro non vi è stata una rigorosa classificazione fra i diversi ambiti d'applicazione della persuasione (per sedurre, per addestrare, per fidelizzare, per indottrinare, per convincere, altro).

Non era il mio fine.

Il fine che mi ero posto era quello di evidenziare, trasversalmente, i punti fermi -i capisaldi- che accomunano i processi persuasivi.

Il risultato lo stai leggendo.

Auspico Ti possa essere utile.

L'Autore

EPILOGO

Qualcuno potrà trovare ciò che è stato scritto guidato da una leggera forma di paranoia o da una pesante consapevolezza.
Qualche altro vi potrà trovare persuasioni "giuste" ed altre meno, così come certi altri troveranno corretto l'esatto opposto.
Ho cercato -con i limiti dell'umana essenza- di non attribuire mai i concetti di "giusto" o "sbagliato".
Individui trovano giusto l'indossare un giubbotto pieno d'esplosivo e farsi saltare in aria in mezzo alla folla: una persona può essere contemporaneamente terrorista e martire, tutto sta nel definire da quale parte della barricata la si osservi.
Il mio tentativo di non giudicare, tuttavia, sarà riuscito per forza di cose solo in parte: anche chi scrive, seppur consciamente e seppur in modo limitato, è influenzato dal contesto in cui vive.

Alle persone più care ed ai miei più stretti collaboratori ho consegnato già da qualche tempo una copia del testo per un parere.
Di ritorno ho avuto invece, da quasi tutti, una domanda:

"Ma quando parli con noi, controlli ciò che diciamo?"

Rispondo a tutti tramite lo stesso libro che ha generato il quesito.

Riconosco quasi sempre i tentativi di persuasione, sia quelli famigliari sia quelli che avvengono in ambito lavorativo, sia i tentativi consapevoli sia quelli inconsapevoli.
Persuado, però, esclusivamente qualora richiesto dal contesto professionale.

- Diffida di ciò in cui credi -

*Stare in vostra compagnia è un "piacere", non un
lavoro.
Da qui la mia risposta.*

Patrizio

Fine
(Od inizio?)

Ringraziamenti:

Ringrazio tutti coloro che hanno alimentato ed alimentano il mio amore per la comunicazione ed il linguaggio.

Un ringraziamento particolare a mia moglie Daniela e, come sempre, ai miei genitori che mi sostengono in ogni modo.

Vorrei ringraziare anche l'editore per avermi consentito di curare il libro con un approccio di tipo *laissez-faire*, in ogni suo aspetto ed in modo del tutto autonomo.

Infine, ma assolutamente non meno importante, un grazie a Christian per la prima, attenta, lettura.

E grazie a Te per aver acquistato questo libro.

Per conoscere le attività dell'Autore o per contatti:

Website: www.fuser.it
E-mail: relazioni.esterne@fuser.it

BONUS CONTENT

Siamo davvero al termine.
Con altra interattività.

Rispondi alle domande qui sotto -una per una, il più velocemente possibile- e non proseguire alla domanda successiva finchè non hai terminato la precedente.
Esegui le seguenti addizioni matematiche.
Quanto fa:

$25 + 6 =$
$3 + 66 =$
$99 + 2 =$
$15 + 12 =$
$55 + 26 =$
$35 + 42 =$
$63 + 42 =$
$113 + 6 =$

Ora altrettanto velocemente pensa ad un utensile da lavoro ed ad un colore.

Cosa hai pensato?
Vai prima a pagina 80 e poi a pagina 7, osserva le uniche parole scritte in grassetto in quelle pagine: interessante vero?

- Diffida di ciò in cui credi -

I edizione febbraio 2010
Titolo originale: "Diffida di ciò in cui credi"
© 2010 Patrizio Fuser
ISBN: 978-88-6396-070-9
www.giovaneholden.it
holden@giovaneholden.it

Finito di stampare
nel mese di febbraio 2010
per conto della Giovane Holden Edizioni sas
da Global Print - Gorgonzola
Printed in Italy

www.ingramcontent.com/pod-product-compliance
Lightning Source LLC
Chambersburg PA
CBHW051425150726
48000CB00005B/1962

9788863960709